音楽教育と人間形成の研究

A Study of Music Education and Human Growth

清 野 美 佐 緒 著

開成出版

謝　辞

　本書の作成にあたり、今日に至るまでの長い間、筆者を叱咤激励し続けてくださいました武蔵野音楽大学学長　福井直敬先生に、心からの謝辞を、ここに表します。

2015年師走

清野　美佐緒

目　　次

第Ⅰ部　音楽教育と人間形成の基礎研究

第1章　音楽的コミュニケーション能力の基礎研究 …………2
1　はじめに　2
2　本研究の目的と方法　3
3　音楽的コミュニケーション能力の発達段階　4
4　音楽的コミュニケーション能力と情動に関するPATHS理論とABCDモデル　6
5　研究の具体的方法　7
6　音楽的コミュニケーション能力と情動の認知過程の分析結果と考察　12
7　音楽的コミュニケーション能力と情動に関するPATHS理論とABCDモデルの有用性　23
8　総合的考察　26
引用文献・参考文献　28
英文要旨　30

第2章　音楽的イメージの基礎研究 ………………………32
1　本研究の目的　32
2　本研究の背景　32
3　先行研究の検討　33

4　問題の所在　　41
　　5　研究の方法　　41
　　6　結果　　45
　　7　まとめと考察　　51
　　8　今後の課題　　56
　　引用文献・参考文献　　57
　　英文要旨　　60

第3章　大学授業における「動機づけ理論」の基礎研究‥‥‥‥64
　　1　大学授業研究が直面している課題について　　64
　　2　「考える」力の育成をめざす指導法とは
　　　　どのようなものか　　65
　　3　大学授業評価の方法　　68
　　4　授業の具体的方法　　69
　　5　結果　　70
　　6　まとめと今後の課題　　75
　　引用文献・参考文献　　78

第4章　大学課外活動とキャリア発達の基礎研究‥‥‥‥‥‥81
　　1　問題と目的　　81
　　2　研究方法　　83
　　3　結果と考察　　84
　　4　総合考察　　92
　　5　今後の課題　　94
　　引用文献・参考文献　　96

第Ⅱ部　人間形成―生徒指導と学生相談の基礎研究―

第5章　生徒指導と学生相談における行動論的学習理論 ……100
　　1　はじめに　　100
　　2　行動学習における明瞭化　　102
　　3　カウンセラーの役割　　105
　　4　行動目標の達成　　108

第6章　行動論的学習の過程 ……………………………112
　　1　感受性との関係　　112
　　2　心理的抵抗　　118

第7章　行動論的学習の形態 ……………………………127
　　1　役割像による自己表現　　127
　　2　イメージによる自己表現法　　129
　　3　内省的な自己表現　　136

第8章　行動論的学習における情報伝達 ………………138
　　1　直接的な情報伝達　　141
　　2　間接的な情報伝達　　142
　　3　類似性による情報伝達　　145

第9章　生徒指導と学生相談の特質 ……………………148
　　1　行動変容の要因　　148
　　2　行動変容の相対性　　151
　　3　行動変容の指向的特性　　153
　　4　行動変容の一般性　　156

第10章　生徒指導と学生相談の実践 ················ 160
　　1　行動変容と学習現象　　160
　　2　学習現象における段階設定　　167
　　3　治療的学習における転移　　172
　　4　情動状態と認知的機能　　180
　　5　場面構成と強化　　188
　　6　学習理論の応用技法　　200

第11章　自己実現の理論と応用 ···················· 204
　　1　孤立と不安の体験　　206
　　2　感覚的および社会的剥奪　　209
　　3　感受性訓練の導入　　210
　　4　社会的モデリングと行動学習　　218

第12章　生徒指導と学生相談の今後の課題 ············ 244
　　1　行動学習における目標勾配現象　　244
　　2　時間体験と動機づけ　　250
　　3　行動学習と精神病理　　252
　　4　生徒指導と学生相談のめざすもの　　257
　　引用文献・参考文献　　259

　　論文の出典一覧 ································ 263
　　あとがき ······································ 263

第Ⅰ部

音楽教育と人間形成の基礎研究

第1章
音楽的コミュニケーション能力の基礎研究

1　はじめに

　音楽は、人間のコミュニケーションの一つの形である。そして、音楽的コミュニケーションは、耳で聴き、目で見える信号によって伝えられるものでもある。ブラッキング（Blacking, 1979）は、「音楽は、社会的態度と認知過程を表現することができるが、それが有用であり効果的でありうるのは、その創り手の文化的・個人的経験を共有してきた人間が、準備された受容力のある耳をもってそれを聞く時だけである。」と述べている。音楽的コミュニケーション能力とは、多様な状況のもとで適切な表現手段を選び、それを聞き手との間の刻々の変化に応じて調整する、社会的な関係の中での総合的な音楽の能力を指す。音楽を学ぶ過程の中で、音楽に対する感受性が育ち、それを表現しようとする意欲が働く。さらに、音楽によるコミュニケーションへのエネルギーが生まれてきて、そのコミュニケーションを快的体験と受け止める能力が育つものと考えられる。

　近年、大脳生理学や神経心理学の研究が進むにつれて、情動の発

達が、認知、学習に関与していることが明らかにされ、音楽表現に対する感受性についての理解も深まってきた。さらに、数多くの研究によって、音楽が脳の複雑な認知、情動、感覚運動処理を刺激することが明らかにされてきている。子どもは、音楽に対する強い感受性をもちつつ、音楽活動の中での音楽的コミュニケーションを通して、注意力、集中力、持続力を高めることにより、強い情動を認知し体験していくのである。

2 本研究の目的と方法

本研究の目的は、幼児・児童・生徒（幼児期から青年前期）における音楽的コミュニケーションの共同行為と協同意識の間主観的な基盤について検討することにより、音楽的コミュニケーション能力と情動の認知過程を明らかにすることである。この認知過程における心的な共同性すなわち間主観的な基盤は、他者の身体の動きを感じ取り、その本質を見い出すことにある。この間主観的な音楽的コミュニケーションは、動きがもたらす予期的・生成的な心的イメージを生じさせる。また、音楽による身体の動きには、コミュニケーションへのエネルギーをわき上がらせる作用もある。本研究では、まず音楽の実践事例を通して、音楽的コミュニケーション能力と情動の認知過程について明らかにする。さらに、情動を複合的に扱うPATHS理論（Promoting Alternative Thinking Strategies）とABCDモデル（Affective Behavioral Cognitive Dynamics theoretical model）の有用性についても考察する。なお、本研究では、Emotionの用語について、「行動をつき動かす力をもつもの」という原語を優先する意味で、

「情動」の用語を用いることにした。

研究の方法としては、音楽実践の映像記録に基づいて、その認知過程を実践的に解釈しようとする手法を用いて、質的分析を行うものである。

3　音楽的コミュニケーション能力の発達段階

パプーセク（Papousek, 1996）は、乳幼児の音楽性を言語とコミュニケーション能力の発達に結びつけている。彼によれば、「人間に独特のコミュニケーション様式である言語は、生物学的適応という面からみると、極めて効果的な方法」である。乳幼児期の音楽性は、初期の言語学習に欠かせない要素であり、社会性の発達にも重要な役割を果たすと考えられる。言語と関係のある音も、音楽的な音も、彼らを取り巻く環境の中で学習される。したがって、親が乳幼児の音声行動に対して働きかけることにより、さまざまな情動の学習も発展することが期待されるのである。

トレヴァーセン（Trevarthen, 1999）は、音楽性の基本的動機づけに関する理論を発表している。彼は、「コミュニカティヴな音楽性」を、力動的な共感性ととらえ、それによって乳幼児と他者との協調的な関係が生み出されると考えた。彼はまた、「コミュニカティヴな音楽性」によって、乳幼児期のコミュニケーション活動を特色づけようとしている。乳幼児の音楽的コミュニケーションを活発にする会話・歌・リズム遊びなどによって、豊かな動きや情動が生まれ、さらに相互的な音楽性が発達していくものと考えられる。

トレハブら（Trehub & Schllenberg, 1997）は、乳幼児が音楽を聴い

ている間に表現する固有の傾向に関心を寄せ、乳幼児は比較的早くから、リズム・旋律の輪郭・オクターブなどの単純な比率の振動数・和音などに対して、感受性や情動を示すことを明らかにしている。乳幼児は、音の音楽的特性に強い反応を示す傾向をもっていることが分かる。

　音楽的コミュニケーション能力の発達に関しては、音楽アイデンティティと自尊心に関する心理学的知見の適用により明らかにすることができる。その第1は、自己概念は年齢と共に分化していく、というものである。幼児期では、一つの活動ができると他の活動もできるようになると考えるが、児童期になると、一つのことは上手くできるが他のことは上手くできないという自己理解をするようになる（Harter, 1999）。この自己理解の仕方が、音楽的コミュニケーション能力の発達にも影響を及ぼすと考えられる。第2は、幼児期には、音楽や運動などへの興味・関心と同じように、身体的特性と活動が重要視されるが、年齢が上がるにつれて、情動に関連する心理的な判断に大きく影響されるというものである（Damon & Hart, 1988）。第3は、子どもの自己概念は、児童期から青年期にかけて、次第に他者との比較に基づいて形成されるというものである（Harter, 1999）。子どもは、音楽的コミュニケーションを繰り返すことによって、自己と他者を比較することにより、自己の再構成を繰り返していくと考えられる。

　トレヴァーセンら（Trevarthen & Malloch, 2000）は、「本来性動因律動（intrinsic motive pulse: IMP）について、つぎの3つを挙げている。すなわち、①リズム性の時間感覚（音節・拍・楽句などをとらえる感覚）、②知覚力のかたち（sensory forms）に対する感受性（人間の声や楽器の音の高さ・強さ・音色などへの感受性）、③旋律の輪郭の

情動的知覚、である。これらの3つは、音楽実践における認知過程での音楽的コミュニケーション能力の発達に寄与するものと考えられる。

　ロゴフ（Rogoff, 2003）は、「モデリングのような非言語的コミュニケーションの実践と、凝視・ジェスチャー・姿勢・タイミングなどの非言語的手がかりは、子どもの思考と行動の発達にとって重要なものである。この実践においては、学習者の視覚的・聴覚的に鋭い観察の技能の発達と、学習環境における模範とされる行為と、音響の中心となる要素を取り出す能力の育成が必要となる」と述べ、認知過程での発達と学習の視点を強調している。さらに、認知的フィードバックへの発達と学習の関連も考慮する必要があると述べている。

4　音楽的コミュニケーション能力と情動に関するPATHS理論とABCDモデル

　クッシェら（Kusche & Greenberg, 1994）によれば、PATHS理論（Promoting Alternative Thinking Strategies）の目指している情動伝達力の5分野は、①「自己コントロール」（情動をコントロールし、挫折や失敗を乗り越え、また妥協による一時的な満足にとどまることなく、目標を達成できるように取り組む力）、②「情動理解」（自分と他者の情動を適切に理解する力）、③「自尊感情」（自己に対する適切な情動をもち続ける力）、④「人間関係」（周囲の人との関係において、情動を適切に処理し、協力的で、健全な価値ある関係を構築し、維持する力）、⑤「対人的問題解決」（意見が一致しなくても、

解決策を追求する力）である。彼らによれば、ABCDモデル（Affective Behavioral Cognitive Dynamic theoretical model）は、PATHS理論の基礎をなしているものである。このモデルによれば、感情―行動―認知が発達的に統合されることにより、音楽的コミュニケーション能力にも、大きな影響を及ぼすことが考えられる。本研究では、音楽的コミュニケーション能力と情動の認知過程を明らかにする中で、これらの理論とモデルの有用性についても考察する。

5　研究の具体的方法

（1）幼児・児童・生徒における音楽的コミュニケーション能力と情動の認知過程に関する映像記録について

　本研究では、幼児・児童・生徒の音楽的コミュニケーション能力と情動の認知過程を研究するために、ハンガリー国立パンオニア・スタジオ制作による映像記録（後藤田，1989）を用いた。1989年11月23日に、国際音楽教育学会（ISME:International Society for Music Education）の当時の会長、フォーライ・カタリン女史が、武蔵野音楽大学で講演をされた。この講演会に筆者も出席し、討論会に参加することができた。この映像記録（ビデオテープ　全4巻）は、その講演の中で、女史が使用され、解説を加えられたものである。

　この映像記録には、ハンガリーのマルツィバーニ広場音楽小学校における、幼稚園（年少組と年長組）と小学校1年生から小学校8年生までの音楽実践（全10クラス）が収録されている。この映像記録が、幼稚園から小学校8年生までの一貫校における音楽実践の記録であることから、本研究における対象として、適切な記録である

と判断した。なお、映像記録に収録されている各クラスの音楽実践の所要時間は、いずれも約20分間である。また、生徒数に関しては、幼稚園クラスの年少組と年長組は、各15名で、小学校1年生から小学校8年生は、各30名である。

（2）年少組から小学校8年生までの音楽実践の記録（後藤田, 1989）

Ⅰ．年少組（3・4歳）の音楽実践：教師　ヴァシュネー・マーリア先生

　この年齢の子どもは、集団の中での一員という意識がまだ希薄である。そのために音楽実践の中でも、全員で一緒に遊ぶことを強制せず、自由参加の形で行う。遊びの中では、人形などの小道具を用いることにより、子どもたちの集中力や興味を持続させる。仲間意識を育み、集団で遊べるようになること、音楽的には、もっとも基礎的な感覚である拍感、つまり「鼓動を感じること」が重視される。ここでは、わらべ歌が3曲選ばれている。すなわち、①『くまさん、くまさん』、②『でんでんむし』、③『つぶす、つぶす、けしの実を』である。また、ストーリー性のある長めの歌を、人形劇の形で視聴させる。すなわち、『ちぢれ毛の小羊』である。

Ⅱ．年長組（5・6歳）の音楽実践：教師　フォーライ・カタリン先生

　集団で遊べるようになった子どもたちにとって、次の課題は教師の助けなしで、歌ったり遊んだりすることである。つまり、子どもだけで歌い、均一な拍をとり、テンポを保つことが要求される。さらに、拍とリズムを区別し、音の高低を表現することである。言葉に即興のメロディーをつけて歌い、そのメロディーの高低を手の上

下で示す。遊び自体がしだいに複雑になってくる。鑑賞曲は、小道具の助けを借りずに、純粋に歌そのものを聴けるようする。ここで歌われるのは、①『おだんごの歌』、②『かくれろ、かくれろ、緑の枝』、③『未亡人のあひる』、④『くるみはおいしい』、⑤『市場へ半文もってでかけた』、⑥『アールジェールシュの小鳥』の6曲である。

Ⅲ．1年生の音楽実践：教師　ヴェンドレイ・エーヴァ先生
　わらべ歌の音列の一種である、ペンタトニックの歌が教材の中心である。教師が歌詞で歌ったフレーズを、ソルミゼーションで歌い返したり、教師がソルミゼーションで歌ったフレーズに即興で答えたりして、ペンタトニックを身につけていく。また、新しい音として、低いラの音を意識化させる。つぎに、音楽形式が取り上げられ、AABAの歌が例として扱われる。その後、バルトークが伴奏をつけた「こどものために」より、「コーラス・リズム・オスティナート」という編成にして、教師のピアノ伴奏で歌う。歌われるのは、①『今ウイーンからやって来た』、②『馬車が来て』、③『サワーチェリーの木がたわむ』、④『駆けるよ、栗毛色の馬が』、⑤『私の娘は』の5曲である。

Ⅳ．2年生の音楽実践：教師　イゴー・レンケ先生
　durとmollのペンタコードで構成されるわらべ歌が主な教材である。ペンタコードを意識する上で、短2度・長2度をさまざまな方法で学習する。この2つの音列の違いを理解した後に、mollペンタコードからdurペンタコードへの転調を含む歌を歌う。1年生では、移動ド唱法（ソルミゼーション）が用いられたが、2年生からは、ドイツ語による絶対音名も並行して学習する。リズムの面では、教師が叩

いたリズムを、2拍遅れのカノンで追いかけるというリズム動作の学習をする。

Ⅴ．3年生の音楽実践：教師　ファゼカシュ・パールネー先生
　子どもたちが伝統行事を再現して演じているところから始まる。民謡の中でも、古いスタイルの民謡に焦点を当てて、その特徴である下降メロディーと5度チェンジについて学習する。民謡以外の5度チェンジの例として、ラッスス作曲の2声部ミサ曲の一部を新しく取り入れる。最後に、バルトークの『ミクロコスモス』より、No.60を鑑賞してから、4声部で歌う。

Ⅵ．4年生の音楽実践：教師　プラッティー・シャロルタ先生
　新しいスタイルの民謡を学ぶ。ここでは、ABB'AやAA'（5度上）、A'（5度上）といった、旋律の輪郭がアーチ型で再現部をもつ形式を学習する。教師が与えたメロディーを5度上で歌う練習をした後で、AA（5度上）やA'（5度上）を創作する。リズムの面では、変拍子（3/4と2/4）にそれぞれのリズム・オスティナートをつけて歌ったり、一人8拍分のリズムを即興で叩きながら継いだり、リズム叩きをしながら歌を当てたりする。最後に、ハンガリーの芸術作品である17世紀のダンス曲を2声部で合唱する。

Ⅶ．5年生の音楽実践：教師　エルテグ・マーリア先生
　パルランドの性格をもつハンガリー民謡を歌い、この歌と関連づけて、グレゴリオ聖歌について学習する。つぎに、3種類のグレゴリオ聖歌を歌い、それぞれがシラビック、メリスマ、レチタティーヴォの性格をもつことを確認する。その後、ハンガリーの詩人、ヴェ

ーレシュの詩「老人」を朗読し、それをレチタティーヴォで歌う。コダーイがこの詩をもとにどのように作曲したかについて考え、レコードで鑑賞する。

Ⅷ．6年生の音楽実践：教師　ファルカシュ・マーリア先生
　コダーイの「ビチニア・フンガリカ」の中から、「孔雀よ飛べ」を歌い、模倣について話し合う。声楽曲で模倣が多く用いられたのは、ルネッサンスの時期であることから、その例として、ラッススの『モテット』を歌う。器楽曲では、バロックの時代に模倣が多く用いられたことについて学び、バッハの『音楽の捧げもの』が例として取り上げられる。そして、そのテーマに半音階が用いられていることについて話し合いを行う。その曲の中の、『蟹のカノン』を2声部に分かれて歌った後、生徒2人によるヴァイオリン演奏を鑑賞する。次に、コダーイの『15の2声練習曲』から、ヴィヴァルディのテーマを基にして作曲されたNo.12を歌って、楽曲および調性分析の学習をする。

Ⅸ．7年生の音楽実践：教師　カタニチ・マーリア先生
　古典派の音楽を教材とし、機能和声や和声進行について学習する。まず、コダーイの合唱曲『いざ、めざめよ』を歌い、終止部分の和声を分析する。TDS機能について学んだ後に、ウイーンの古典に結びつける。モーツァルトのオペラ『魔笛』より『美しい鈴の音』を3声で、しかもアルトは、TDSを示しながら歌う。つぎに、TSDTの和声進行の学習では、変声期の終わった男子生徒がバスパートとして参加し、4声で歌う。さらに、フルートとチェロを担当する生徒が、モーツァルトの『三重奏曲』を演奏し、生徒たちはそれを聴きなが

ら、和声機能を示す。さいごに、ヘンデルの『オラトリオ』より『勝利の歌』を合唱する。

X．8年生の音楽実践：教師　テース・ガブリエラ先生

　バルトークについて学習することにより、20世紀の音楽を理解する。ハンガリーの民謡にバルトークがピアノ伴奏をつけた『私の窓に』と同じAABAの構成をもつ作品を捜す。durおよびmollペンタコードを歌ったあと、durペンタコードからバルトーク音階を作りその3種類の音列を含んだ、『ミクロコスモス』No.74を歌う。次に、合唱曲『カノン』の分析をし、中心軸システム・黄金分割などバルトークの作曲技法を学習する。そして、合唱曲『若者をあざける歌』を歌って終わる。

6　音楽的コミュニケーション能力と情動の認知過程の分析結果と考察

I．年少組（3・4歳）の認知過程の分析結果と考察

　幼児期になると、行動的で無意識的に調整されていた情動が意識の対象となり、情動の表現方法が、しだいに複雑になってくる。幼児は、育つ環境や人間関係の中で、言語や認知などの能力が発達すると同時に、情動の体系も複雑化してくる。そこで表情として表れる主観的情動には、さまざまな変化が見られるようになる。例えば、3歳から4歳にかけては、怒りと喜びに関して、相手の情動に対応した表情や行動が頻繁に表れるようになってくる。

　教師が、「『くまさん、くまさん』の歌をみんなで歌いましょう。

誰がくまさんになりますか。くまさんになりたい人は、こっちにいらっしゃい。上手にくまさんになれましたね。あら、可愛いエプロンね」と語りかける場面がある。この時、①『くまさん、くまさん』の歌による働きかけに対して、それまで教室内で散らばって座っていた子どもたちは、教師のそばに集まってきて、自分が「くまさん」になりたい、という表情を生き生きと表している。彼らは、歌の歌詞を覚えているわけではないが、集団で遊びながら、歌う喜びを感じ、音楽的動作の中で、音楽的コミュニケーション能力への意欲を表している。

このように幼児期には、情動が身体・感覚の基盤に基づいて表され意識化されるようになる。この意識化がきっかけとなって、自己意識的情動が発達するようになる。自己意識的情動は、基本情動よりも遅れて表れる情動の質的変化によるものであり、羨望・共感・誇り・恥・罪悪感などとして表現される。教師が、子どもたちに「くまさん」の役割が回るように配慮した言葉かけをしているのは、この状況に適した行動であることが分かる。

教師は、子どもたちが歌ったり遊んだりしている姿を確認し、その姿を言葉で分かりやすく子どもたちに伝えている。このような音楽的コミュニケーション活動を毎日経験することにより、音楽遊びの美的・感覚的な情動体験はいっそう深められ、音楽的コミュニケーション能力が向上してくる。教師も、音楽の性格や楽しさを、子どもたちが身近に感じることができるように、表情や動作に気を配っていることが感じ取れる。

幼児期における音楽的コミュニケーション能力を高める情動システムの複雑化をもたらす要因として挙げられるのが、幼児の心的状態についての認知的理解—心の理論—である。したがって、教師は、

事象に対する評価の仕方の多次元化と、評価される対象、つまり子どもが出会うであろう事象そのものの多様化の双方を考慮する必要がある。なぜならば、前者は認知能力の発達によるものであり、後者は子どもの発達とともに多様化する人間関係や環境によるものだからである。幼児期の情動理解と信念理解は、ある程度関連していると思われるが、認知状態の理解は、情動状態の理解を通してなされることもある。少なくとも、欲求や情動の理解は、信念理解よりも先行するので、生まれながらにして備わっている情動が、共感性や他者とのコミュニケーションに寄与していくならば、後に出現する信念理解は、時として他者との関係の自己コントロールや対人的問題解決の方策に影響することが考えられる。

　この年齢の子どもは、集中力が長く続かないので、教師は新しい刺激を見つけたり、興味を引く新しい小道具を用意したりしている。また集中力が弱くなってきた頃に、別の歌を導入したりしている。さらに教師は、3・4歳の年齢に合わせて、態度や身振り・話し方などの工夫をしている。そして、子どもの理解能力・仲間作りや欲求や活動レベルに合わせて、もっとも適した行動形態をとりながら指導している。②『でんでんむし』と③『つぶす、つぶす、けしの実を』の活動では、教師は歌を歌いながら、子どもの遊びに入っていって、そのアイディアを上手く利用しようとしている。この遊びでは、けしの実をつぶすことを、均等な鼓動を感じさせるために上手く利用している。また、遊びの動作が、歌の連続した鼓動をより強調するようにして、鼓動を長時間、感じ続ける能力が育つように配慮している。これらの活動の中で子どもたちは、お互いの鼓動を合わせることにより、音楽的コミュニケーション能力をさらに高めていることが考えられる。

Ⅱ．年長組（5・6歳）の認知過程の分析結果と考察

　5・6歳になると、仲間との関係で生まれる情動理解・情動調整が、さらにできるようになる。また、自分の情動表出が他者に及ぼす影響についても、ある程度意識できるようになる。音楽学習過程においても、子ども同士が相互に影響を及ぼし合いながら、自分たちで行動調整し合うようになる。

　①『おだんごのうた』は、丸くなって円を作りながら、みんなに挨拶をしていく活動であるが、子どもたちは均一な鼓動を感じつつ、歌詞の意味する内容にあわせて、歌いつつ挨拶を交わしている。お互いに相手の表情を読み取り、嬉しさを表現しながら、歌いつつ挨拶を交わしている。ここでのメロディーは、子どもたちの情動の世界に心を開かせ、音の大きさの変化と音色が、感覚器官を鋭くしていく様子が観察される。みんなで歌うことは、さらに大きな身体的エネルギーを必要とするので、身体発育のみならず、音楽的コミュニケーション能力の向上を支えることにつながる。この場面では、それぞれの子どもが自尊感情を体験しながら、自覚・自主性を表現しつつ、思考力や判断力を試すことに喜びを感じている様子が観察される。さらに、音楽遊びの中で対人的問題解決場面を経験することにより、協同感覚がするどく磨き上げられていく様子も観察される。

　②『かくれろ、かくれろ、緑の枝』と③『未亡人のあひる』の活動は、音楽を伴う動きと役割を同時に経験していくものである。この歌遊びでは、遊びの単純な基本型に自己の創造性を加えながら、音楽的コミュニケーションの型もさらに複雑なものに変化していく様子が見られる。子どもたちは本当にやりたいことを実現しながら、

仲間との人間関係を深めつつ、音楽活動の進行と共に、情動の調整をも学習していると考えられる。

Ⅲ．1年生の認知過程の分析結果と考察

　生徒は、黒板に書かれた①『今ウイーンからやって来た』の楽譜を見ながら歌う。さらに、ハンドサインをしながら歌う活動を継続していく。この活動では、生徒が自分の生活の中のコミュニケーションと情動の様々な側面を理解し、制御し、表現する能力を伸ばすことに中心が置かれている。その中で、対人的問題解決・情動のコントロール・他者への思いやりといった認知の成長過程が観察される。

　②『馬車が来て』を歌った後、ソルミゼーションできる生徒が指名されて、次々に指で空中に音高を描きながら表現していく。教師は、生徒が喜んで音楽の読み書きをし、発見の喜びを感じて読譜し、創作の喜びを感じることができるように指導している。③『サワーチェリーの木がたわむ』の歌を、リズムの名前で「ター・ティティ」で歌う。教師の「最初から最後まで、とてもきれいなリズムを叩きましょう」という指示にしたがって、生徒はお互いに相手のリズムを感じながら、正確なリズムを叩く学習をしている。④『駆けるよ、栗毛色の馬が』では、メロディーを歌い、空中に指でリズムを示す学習をする。

　⑤『私の娘は』を歌った後、バルトークの『子どものために』の演奏をするために、ソリストになる生徒14名を挙手によって選び、その後、指揮者も同様の方法で選ぶ。教師がピアノ伴奏をする。「みんなで心が一つになるように考えながら、きれいな演奏をしましょう」という教師の言葉に励まされるようにして、演奏が行われてい

る。

　ここでも、音楽的コミュニケーション能力と情動を高める学習場面が数多く観察される。実践過程のそれぞれの場面で、音楽的コミュニケーションと情動を高めるために必要な技能・態度・価値観の発達を目指した指導が行われている。

Ⅳ．2年生の認知過程の分析結果と考察

　①『水の中になまずがいる』を歌いながら授業が開始される。「ハンドサインをしながら、ソルミゼーションをしてみましょう」という教師の言葉に、生徒は、すぐにそれらを表現する。教師の「次に、5つの音でピアノを作ってみましょう。あなたたちで"人間ピアノ"を作るのです」という指示で、5人の生徒が前に出てきて、一列に並ぶ。「2つの音を示しますから、音の名前で歌い、指で音程を表して下さい」と教師が指示し、生徒は、「ドーラ、短3度。ドーレ、長2度。ドーミ、長3度。・・・」と答えていく。「次にカノンをしましょう。ふたつターを叩いたら、入ってください。『なまずの歌』のように始めましょう」と教師が話しかける。教師の叩く様子を生徒が模倣する。生徒一人ずつ、それぞれが模倣をしていく。次に、カノンで追いかけて、「みんなの心がひとつになるように繋げて」という指示にしたがって、音楽的コミュニケーションが継続していく。

　この場面で、音楽的コミュニケーション能力の向上に寄与しているのは、「傾聴と言語的コミュニケーション」「創造的思考と問題解決」「自尊感情・目標設定・自己動機付け」などである。また、「音楽による集団での能力の発揮」が見られる場面も観察された。全体的に教師は、生徒の発達段階に応じて、音楽実践のための受容的雰囲気を十分に作り出す努力をしていた。

Ⅴ．3年生の認知過程の分析結果と考察
　①『聖バラージュ』の歌を歌いながら、祭りの役に扮装した生徒たちが、演技をしている。男子生徒のソロと合唱が始まる。「この日、門付けをするのは、昔からの習慣。私たちはみんなを楽しませましょう」と歌う。「良いことがありますよう」に、と祈りながらクッキーを配っていく。みんなは、それを嬉しそうに受け取りながら歌う。この場面では、それぞれの生徒が自己への気づきにより、自己コントロールをしている。たとえば、自分の情動を認識し、他者も同じであることを確認していることや、自分が情動を抱いた理由とそれを引き起こした状況を理解しようとしていること、などである。②『私は頭がいい』、③『3日3番』、④『ヘイ、ドナウから』の曲を用いながら、メロディーをソルミゼーションする。さらに生徒が、楽器の演奏もしたいという願望を強く表現したために、⑤『ねえ、名付け女親さん』と⑥『一匹の蚊をつかまえた』を、リコーダーで演奏する。⑦『ドミネ・デウス』（ラッスス作曲）をソルミゼーションしてから、5年生の生徒が招待されて、ピアノでバルトーク作曲『保続音を伴う5度のカノン』を演奏する。この演奏について、それぞれの生徒が話し合い、意見を発表する。生徒も、仲間の声に注意を払いつつカノンを歌う。この場面で生徒は、共感性（他者の考えや情動を理解すること）を増大させ、相手の反応に応じて、その人への働きかけを修正する行動などを、音楽的コミュニケーションを通して学習している。他者の観点・見解・情動を理解しながら、時として良い聞き手になる場面も見られた。ここでの歌唱活動そのものが、音楽的コミュニケーションとして機能し、情動の発生源になっていたと考えられる。

Ⅵ．4 年生の認知過程の分析結果と考察

　①『森よ、森』の歌をソルミゼーションすることから学習を始めている。この歌がどのようなハンガリー民謡だったかを生徒に考えさせてから、アーチ型―再現部―ABA ヴァリエーションなどの回答を引き出していく。②『小鳥よ、小鳥』や、③『ヤーノシュ橋市場の公園で』を歌ってから、「リズムの鎖」の歌遊びに移る。教師が 8 拍叩き、次々に生徒とリズム問答を続けていく。そして、④『ティサ川を小舟で渡りたい』を歌いながら、「歌による教師の問い」・「生徒の答え」・「生徒の問いと生徒の答え」の順で、課題をだんだん難しくしていく。最後に、3 人の生徒がチェロ・ヴァイオリン・フルートを担当し、他の生徒は、ハンガリーの 17 世紀の『アポル・ラーザールのダンス』を 2 声部で合唱し、演奏する。

　この場面で音楽的コミュニケーションが特に活発に行われたのは、「リズムの鎖」の音楽活動である。他の生徒の音楽的表現に注意を払いながら、前もって自分の表現を考えることが要求されるからである。このような活動の繰り返しによって、自分でリズムを創作する意欲も育成されている。また、教師は、それぞれの音楽活動の中で、生徒の性格・価値観・自尊感情の重要性を認識することによって、各人に細やかな言葉かけを行っている。

Ⅶ．5 年生の認知過程の分析結果と考察

　①『虹のてっぺん』（パルランドの性格をもつハンガリー民謡）を歌い、この歌と関連づけて、グレゴリア聖歌について説明する。②グレゴリア聖歌『ヴィクティメ・パスカリ』を歌い、そのスタイルについて解説する。つぎに③『キリエ』を歌う。最初に女子生徒

のグループ、つぎに男子グループが、前に出てくる。男子グループと女子グループが、心を合わせて歌う。最後に全員で歌う。ヴェーレシュの詩、『老人』をレチタティーヴォで歌ってみる。教師が「メリスマスタイルでも、シラヴィックスタイルでも、別のスタイルでもいいから好きなように歌ってみてください。皆さんは、それがどんなスタイルだったかを、お互いに話し合いましょう」と問いかけ、生徒たちが話し合う。この場面では、お互いに影響を与えながら話し合いが進んでいく。教師が一つの問いかけをすると、生徒たちは、お互いに音楽的コミュニケーションを活発に交わしながら、多くのアイディアを出して答えている。ここでは、単に学ぶだけではなく、お互いのアイディアを楽しみつつ発表をしている。教師も、生徒の答えに対して、「きれいでした。ありがとう。とても長いメロディーを考えましたね。息ができなくなりそうでした」などと反応して、生徒の学習意欲を高めている。生徒たちは、この授業を通して、音楽的コミュニケーション能力だけではなく、思いやり・自信・礼儀・熱心さ・誇り・熟慮性・自尊心なども習得していると考えられる。

Ⅷ. 6年生の認知過程の分析結果と考察

まず始めに、①『くじゃくよ、飛べ』を歌う。その後、教師は、「今日は模倣について考え、話し合いましょう。模倣とは何でしょうか。模倣には多くの種類があります。それらはすべて、芸術に活気を与えます。同じ要素の美しい組み合わせは、芸術における秘密のようなものといえるでしょう。」と話す。声楽曲で模倣が多く用いられたのは、ルネッサンスであることを説明してから、②『モテット』（ラッスス）を歌う。③『音楽の捧げもの』（バッハ作曲）を例に示

して、男子生徒の一人が指名され、この曲をピアノで演奏する。それを聴いた後で、そのテーマに半音階が用いられていることについて、みんなで話し合う。児童期後期（5年生〜6年生）になると、能力や努力、課題の困難度などに関しての理解が進んでくる。自己の能力概念や努力概念は大きく変化し、分化してくる。それにより、有能さを求める達成動機づけも強められてくる。教師は、この発達段階にある生徒たちへの達成動機づけを十分に理解した上で、適切な指導を行っていることが観察される。

　児童期の情動のレベルに影響する要因としては、「自分自身の情動状態に気付く力」、「状況や表出の手がかりから他者の情動を認識する力」、「他者の情動経験に共感的にかかわる力」、「情動に対しての自己効力感（ある程度、自分が望むように、情動を経験したり表出したりすることができると感じる力）」などが挙げられる。この場面では、教師と生徒の間の音楽的コミュニケーションの活発さが観察される。児童期後期においては、メタ認知的能力の発達も著しくなるので、教師の適切な働きかけによって、音楽的コミュニケーションの自律的な発達も一層高められることが考えられる。

Ⅸ．7年生の認知過程の分析結果と考察

　①『ビチニア選集』No.39（コダーイ作曲）を歌いながら授業が開始される。②『ビチニア選集』No.43（コダーイ作曲）を歌い、生徒にソルミゼーションをさせる。教師は「これと反対の雰囲気をもつ歌を歌いましょう。何にしましょうか」と質問して、生徒は、それぞれ話し合う。『小舟が渡し場に』を歌うことに決まり、みんなで歌う。次に、教師は、「コダーイは、メロディーを、なぜ、あちこちの声部に移したのでしょうか。いつもソプラノにすることはできなか

ったのかしら」と質問する。生徒たちは、お互いに話し合いながら、自分の考えを発表する。③『ナジサロンタ地方の祝い歌』を歌った後、④『魔笛』（モーツアルト作曲）より『美しい鈴の音』を3声で歌う。さらに、生徒によるフルートとチェロの演奏、『三重奏曲』を聴きながら、和声機能を示す学習をする。教師は「声部を交換しましょう。ミをメゾが受け持つと、ソプラノはどうなるかしら」と質問して、お互いの話し合いにより考えさせていく。最後に⑤『オラトリオ』（ヘンデル作曲）より『勝利の歌』を合唱して授業が終わる。この間、教師は、「和声を示してくれた人、ありがとう。演奏してくれた人たちも、ありがとう」と笑顔で話しかけている。

　ここでは、教師が音楽的コミュニケーションの基礎となる「傾聴と言語的コミュニケーションの能力」を育成しようとして、強い働きかけを行っていることが観察された。また、教師自身が、一人ひとりの生徒との間で、音楽的コミュニケーションの働きかけを適時に意欲的に行っていることが観察された。

X．8年生の認知過程の分析結果と考察
　①『私の窓に』（バルトーク作曲）の学習から開始する。生徒は手で曲線を描きながら音名で歌う。教師は、「何段目で曲線が反対方向に曲がりましたか。そう、3段目ですね。では、3声でうたいましょう。」と指導を続けていく。②『ミクロコスモス　No.55』と『ミクロコスモス　No.74』（バルトーク作曲）を歌い終わった後、「この伴奏にはどんな特徴がありますか」と質問して、「mollのペンタコードを、アーの音から始めている」ことについて解説を進める。④『カノン』（バルトーク作曲）を歌ったあと、「半音階システム」について考えさせ、発表させる。ついで、「黄金分割」についても、貝殻を見せな

がら意見を発表させる。そして、「シンメトリーではありませんが、それは、自然・音楽・建築・絵画・詩の中にも生きていますし、存在しているのです。」と教え、生徒たちから自由な意見を求めて、音楽的コミュニケーションへの動機づけを活発に行っている。

　青年前期の8年生の段階において、教師が矢継ぎ早に放つ数多くの質問に対し、生徒は、問題解決・意思決定・批判的思考に関する能力を発揮していく。教室における音楽的コミュニケーションは、身体的・情動的発達に支えられて、よどみなく発展する。

　ここでは、「自己や他者の情動のサインの理解」、「情動の正確な認識と表現」、「学習目標の明確化」などに関する認知的技能の発達段階が教師によって絶えず正確に把握され、それに基づいて情動領域や行動領域の技能との統合を促進していることが観察された。また生徒たちは、「集団参加」によって課題を遂行し、「課題遂行」によって積極的にグループの音楽活動の発展に貢献している。教師から、「課題の明確な定義」や「反復とエラーを修正する機会」を与えられることにより、知識獲得への学習的課題が促されている。

7　音楽的コミュニケーション能力と情動に関するPATHS理論とABCDモデルの有用性

　PATHS 理論の目指している5分野は、①「自己コントロール」、②「情動理解」、③「自尊感情」、④「人間関係」、⑤「対人的問題解決」である。本研究で対象とした音楽実践の映像記録を詳細に読み解くことによって、音楽的コミュニケーション能力と情動の認知過程に関するPATHS理論とABCDモデルの目指すところを、年少組・

年長組・4年生・7年生について考察する。

　年少組（3・4歳）の音楽実践の認知過程：人形劇『ゲルゲーと小羊の歌』の活動では教師は、「『ゲルゲーと小羊の歌』が始まりますよ。私がこの歌を歌いますよ。ちぢれ毛の可愛い羊の女の子ですよ」と、言語的コミュニケーションの働きかけをする。この段階で教室の中の12人の子どものうち3人は、教師や子どもたちから少し離れた場所で、絵を描いたり、本を読んだりして自由遊びをしている。教師が、「ちぢれ毛の小羊の足にはリボン、首には鈴、ゲルゲーが連れている小羊は、まるで王女様のよう・・・」と人形劇の人形を揺らしながら歌い続けると、その歌声につられるかのように、自由遊びをしていた3人の子どもは、教師の方に吸い寄せられて、人形の動きと教師の歌声を熱心に視聴するように変化していった。教師の温かな音楽的な語りかけと歌声によって、音楽的コミュニケーションが、次第に子どもたちの中に芽生え、発展していく場面であった。この3人は、自由遊びから人形劇への興味・関心から、自己の情動が変化し、人形劇を見ている他の子どもたちの間に割り込んで、教師の音楽的コミュニケーションの働きかけにより、「対人的問題解決」を成し遂げたと思われる。年少児でも、このような「情動理解」、「対人的問題解決」による「自己コントロール」が可能であるといえよう。

　年長組（5・6歳）の音楽実践の認知過程：『かくれろ、かくれろ、緑の枝』という音楽遊びの活動では、2人の子どもが手をつないで大きな門をつくり、他の子どもたちは、その中をくぐり抜けていく。門の役割をする2人の子どもが、「秘密のことば」を相談し決める。くぐり抜ける子どもは、たとえば、「月へ行く？それとも太陽へ行く？」と歌の中で尋ねられ、一方を選ぶと、門のところへ繋がって

いく、という歌ゲームである。この時期の子どもは、自覚や自主性が発達してきて、何でもやってみたいという意欲も盛んなので、このような集団遊びを好む傾向がある。子どもたちは、このような音楽的コミュニケーションによって思考力や創造性がさらに高められ、遊びの喜びを教室全体で共有している。お互いの協同感覚と生きる喜びがしだいに高められて行く様子が観察できる。同じ動きを繰り返すことによって、遊びの「情動理解」や「対人的問題解決」場面を体験しながら、「自尊感情」も高められていくと考えられる。

　4年生の音楽実践の認知過程：「リズムの鎖」では、変拍子（3／4と2／3）に、それぞれのリズム・オスティナートをつけて歌ったり、一人8拍分のリズムを即興で叩きつないだり、リズム叩きから歌を当てたりする学習である。教師から生徒たちへの頻繁なリズム的対話によって、生徒は教師からのサインに素早く気付き、問題の核心や問題点の確認、目標の選択と決定、複数の解決方法を考え出し、最良の解決法を身につけていくのである。この場合に、情動は、注意への焦点化により「対人的問題解決」の手がかりとなり、それにより、身振りと音楽のきっかけについて、最良の解決法を学習していることになる。

　7年生の音楽実践の認知過程：『ナジサロンタ地方の祝い歌』が歌われる場面で教師は、「素晴らしい歌声です。」「私の合図がよく分かりましたね。」「ミの下でどんな和音が響いていましたか。」「あの2つの音を思い出して、楽譜を見てもいいので歌える人？」「とてもきれい。ここにソがあります。何度ですか。トニックの和音、この上にも書いておきます。」「あと、どこにトニックを書いたらいいでしょうか？」「では、ここで何を歌ったか分かりますね。ドミナント。そう。このドのところで、どんな和音を歌ったのでしょうか？」「コ

ダーイの作品から出発して、曲が開いているか閉じているか、曲の中で和音が互いに引き寄せ合っているかというところまで到着しました。これは、20世紀の音楽の特性ではなく、もっと以前の音楽、ウイーン古典派の音楽に特徴的な事柄を学習してきたのですね。」と語りかけている。このように、学習内容を細かく分析しながら、どの生徒も理解不足に陥らせることなく、「自尊感情」を高めることにより、極めて頻繁な音楽的コミュニケーションへの働きかけを行っている。したがって生徒は、「情動理解」を深めながら、自己への気づきにより、「人間関係」の状態を把握しつつ、それぞれが「自己コントロール」をしている。これらのセルフ・モニタリングによって、フィードバックされた情報を知覚し、次の遂行行動に移る十分な準備を可能にしていると考えられる。

8 総合的考察

　音楽的コミュニケーション能力と情動の認知過程では、この二つを切り離して考える事はできない。これらは、教室場面で教師と生徒が、お互いに強い協力関係をもちたいという深い欲求に基づいているものであり、どの場面を取り出しても、言語的および音楽的コミュニケーションの表れとみなすことができる。幼児期から青年期に育つ音楽的有能さについては、これまで多くの心理学的研究が対象としてきたものである。これらの研究では、言語的コミュニケーションだけではなく、タイミング・リズム・音高の抑揚・子どもと大人の間のダイナミックなメロディーの輪郭作りなどといった、音楽的コミュニケーション能力に本質的にかかわるものが対象とされ

てきた。

　本研究により、音楽的コミュニケーション能力と情動の認知過程について明らかにされたメカニズムは、次の4つである。

（1）**積極的聴取力と覚醒力**

　生徒は、音楽表現において、情動に特有の形である音響的手がかりに反応していた。そればかりではなく、音楽の複雑さ・曖昧さ・親密さという一般的な刺激にも反応していた。情動反応の或るものは、音楽の中の情報の意味を理解していることを反映するものであった。生徒は、これらの情動反応のための積極的聴取力と覚醒力により、心を開いて、教師や他の生徒との音楽的コミュニケーションを、さらに深めていた。

（2）**音楽的期待と自己省察**

　教師が音楽実践の中で、生徒に対して大きな音楽的期待を抱かせ、それを維持し、満足させている場面が数多く観察された。教師は、生徒に大きな音楽的期待を抱かせることによって、生徒の深い自己省察をも促進していた。

（3）**連想・創造性とメンタル・イメージ**

　音楽に対する情動は、時として情動を経験した音楽と、情動に関する非音楽的要因に基づいて、個人的な独特の連想によって表現された。音楽への連想反応は、意識的な内省によらないで、ある意味で初歩的な学習メカニズムによっても生じていた。しかし、その反応は、一般的に、ある生徒に特定の場所・出来事・個人について、強い情動的な記憶をもたらしていた。教師は、これらのメカニズムを十分に理解した上で、それぞれの実践の中で、巧みにそれらを応用していた。さらに、生徒のメンタル・イメージを効果的に刺激することにより、創造性の育成への効果を上げていた。

（4）モデルと模倣学習

　生徒は、他の生徒の表情を見たり音楽的表現を聴いたりして、音楽モデルへの綿密な注意を払うことにより、初歩的な運動模倣を通して、教師や他の生徒の発する音楽的情報を手に入れて、模倣学習を習得していた。音楽は、情動的な言語表現や音響パターンを通して模倣された。さらに、生徒は、自己の知覚した情動についても模倣学習をしていた。生徒の個性とモデルの間の相互作用による音楽的コミュニケーションは、音楽的活動を積極的に動かす原動力となり、創造性を引き出す力にも貢献していた。

　今後は、幼児期から青年期に至る、文化的自己観に基づく相互独立性・相互協調性の発達研究や、さらなる音楽的コミュニケーションの情報理論や認知研究も期待される。

引用文献・参考文献

Blacking, J.（1979）How musical is man? 徳丸吉彦（訳）（1978）『人間の音楽性』東京：岩波書店.

Damon,W. & Hart,D.（1988）Self-understanding in Childhood and Adolescence. Cambridge: Cambridge University Press.

後藤田純生（1989）『音楽はみんなのもの―コダーイの音楽教育』第1巻〜第4巻, 添付映像記録：ビデオカセット　第1巻〜第4巻. 東京：「コダーイの音楽教育」制作委員会.

Harter, S.（1999）The Construction of the Self: A Developmental Perspective. New York: Guilford Press.

Kusche, C.A., & Greenberg, M.T.,（1994）PATHS: Instructor's manual. South Deerfield: Channing Bete Company.

MacDonald,R., Hargreaves,D.J. & Miell, D.（eds.）（2002）Musical Identities. Oxford University Press. 岡本美代子・東村知子（共訳）

(2011)『音楽アイデンティティ―音楽心理学の新しいアプローチ』京都：北大路書房.

Miell, D., MacDonald, R., & Hargreaves, D. J.（2005）Musical Communication. Oxford University Press. 星野悦子（監訳）（2012）『音楽的コミュニケーション―心理・教育・文化・脳と臨床からのアプローチ』東京：誠信書房.

Papousek, H.（1996）Musicality in infancy research: biological and cultural origins of early musicality . In Musical beginnings （eds . Deliege, I. & Sloboda, J.A.）37-55. Oxford University Press.

Rogoff,B.（2003）The cultural nature of human development. New York: Oxford University Press. 當間千賀子（訳）（2006）『文化的営みとしての発達―個人・世代・コミュニティ』東京：新曜社.

Trehub, S., Schllenberg, E. & Hill, D.（1997）The origins of music perception and cognition:a developmental perspective. In Deliege, I. & Sloboda, J.A.（ed.）, Perception and Cognition of Music, Psychology Press.

Trevarthen, C.,（1999）Musicality and the intrinsic motive pulse:evidence from human psychobiology and infant communication. Musicae Scientiae Special Issue（1999-2000）, 155-215.

Trevarthen,C. & Malloch,S.（2000）The dance of wellbeing:defining the musical therapeutic effect. Nordic Journal of Music Therapy, 9（2）, 3-17.

上淵寿（2011）『感情と動機づけの発達心理学』京都：ナカニシヤ出版.

山田洋平（2008）「社会性と情動の学習（SEL）の必要性と課題―日本の学校教育における感情学習プログラムの開発・導入に向けて―」『広島大学大学院教育学研究科紀要』第Ⅰ部　第57号　145-154.

Musical Communication Ability and the Cognitive Process of Emotion in Preschool and Elementary School Students

Misao Kiyono

This main purpose of the present study was to examine students' learning process in musical communication ability and emotional cognition processes in preschool and elementary students. How do musical activities induce emotion in students?

In the first, I observed ten music classes in preschool and elementary school recorded on videotape in Hungary. Then I went on to describe musical communication and emotion which are particularly relevant as they reveal forms of musical dialogue between music teacher and their students in school setting so that the musical communicative process could be drawn out and explored.

The results showed that there were four mechanisms to promote musical communication and emotional learning.

(1) Arousal potential by active listening: Students react to the inherent arousal potential of more general stimulus characteristics, such as its complexity, ambiguity and familiarity. Part of their emotional responses could reflect their attempt to make sense of the information in the music. How teachers listen to their students can positively aid in the work of identity formation. Listening with an open heart helps students make sense of their world and their changing selves as they begin the process of taking responsibility for who they are at that moment and who they want to be.

(2) Musical expectancy and self-reflection: I could many good examples through the music classes that how musical expectations were created, maintained, and confirmed. Emotions to music are induced when students'

expectations were interrupted. Teachers gave many chances of self-regulation to their students through musical expectancy in the music classes.

（3）Promote association, creativity and mental imagery : Emotion to music often reflect personal associations between the music experienced and various non-musical factors related to emotion. Associative responses to music involve elementary learning mechanisms that are not available to conscious introspection, but the responses typically evoke emotionally memories of specific places, events, or persons. Teachers used these mechanisms through the music classes. Mental imagery can be highly effective in stimulating mental imagery in the music classes.

（4）Model and imitation: Students may catch the emotions of other students when seeing facial expressions of hearing their vocal expressions through their motor imitation. Music features expressive acoustical patterns that are similar to those in emotional speech, then students imitate emotions perceived internally. In the pedagogical practices of this approach, the development of keen observation skill on the part of the learner, both visual and aural, and the capacity to extract the key components of modeled action and sound in the context of the learning environment, are essential. I understand this interplay between children's individuality and model as the driving force and creative potency of musical activity in the music class. Also I believe that a vital purpose of music education is to capable children to become proficient musical communications so that they can communicate musically with other children in all manner of musical practices.

第2章
音楽的イメージの基礎研究

1　本研究の目的

　本研究の目的は、教職課程における「教育心理学・生徒指導論」の授業の中で、学生の学力形成を支援するために、授業理解の向上を図る認知科学的アプローチを用いて、学習モデルを構築し、その効果を実践的に明らかにすることである。

2　本研究の背景

　教師を目指す教職課程の学生は、遅くとも数年後には教育実習現場で学習指導を行うことになる。そのためには、「教育心理学・生徒指導論」の中で、教授学習過程の理論への理解を深めるとともに、それを具体的な実践に結び付けて、体験的に学習することが望まれる。彼らは、これらの授業を学ぶ中で、授業づくりにおけるイメージの働きを理解して、それに対する省察の学習をする必要がある。

これらの授業の中で学習する教授学習過程の理論のアプローチには、(1) 現象学的アプローチ、(2) 行動科学的アプローチ、(3) 認知科学的アプローチ、(4) 教育工学的アプローチ、(5) 経験的・実践的アプローチなどがある。教授学習過程の対象としては、(1) 教授目標・評価を主な対象とするもの、(2) 教材内容を主な対象とするもの、(3) 教授方法を主な対象とするもの、(4) 教師の認知過程（知覚・判断・決定・思考）を主な対象とするもの、(5) 生徒の認知過程（知覚・判断・決定・思考）を対象とするもの、などがある。本研究では、認知科学的アプローチを用いて、学生による授業理解のプロセスを明らかにしようとするものである。

3　先行研究の検討

近年になって、教育界にはさまざまな動向が見られるようになってきた。例えば、「学習指導要領の改訂」（文部科学省「新学習指導要領の完全実施に向けて」、2010）、「学習評価の基本的な考え方の見直し」（文部科学省「児童生徒の学習評価の在り方について」、2010）、「全国学力学習状況調査の実施」（文部科学省「平成23年度以降の全国的な学力調査の在り方について（中間まとめ）」、2010）、などである。教授学習研究および教育実践に貢献する授業研究においても、これらの教育界の方向性や諸問題を考慮しつつ、取り組むことが求められている。

授業づくりにおけるイメージの働きに関して、東（2022）は、『《八木節》の鑑賞学習における身体表現導入の方法とその有効性―身体的同調を視点として―』についての研究を行っている。その結

果、「小学校4年生の盆踊りの創作活動においては、身体的同調による拍にのった動きと、イメージを表す動きが相互作用を起こし、イメージが多様化し、子どもの感受が深まった。このことから、民謡の場合、身体的同調の起こりやすい盆踊りを教材化すると、イメージを拍にのった動きで表現でき、指導内容の知覚・感受を深める学習になる」ということが明らかにされている。

音楽のイメージは、子どもの学習経験や記憶によって、固有のものが生成される。さらに、音楽のイメージは、他者との対話や自己との対話を通して、子ども独自の緻密なものに洗練されていくと考えられている。渡部（2011）は、『イメージの分節化を促す指導の一考察─教師と子どもの対話を手立てとして─』の研究を行っている。その中で、小学校4年生を対象に、モーツァルト作曲の《きらきら星変奏曲》を用いて図形楽譜を作る授業を行い、2つの対話の手立てからイメージの分節化がどのように進むかを検討した。その結果、「対話により、寛容的な態度で話しを受け止める手立てによって、自分の行っていることを認めてもらえたという自信が生まれ、新しい表現を促すきっかけとなった。また、根拠を問う手立てによって、子どもは自分の内面を見つめ、イメージをより鮮明に描くようになった。これらの2つの手立ては、イメージの分節化を促すきっかけになった」と結論づけている。これらの2つの研究は、学習者が自発的に学習方略を考え出すような指導法を提案しており、教育実践に新たな示唆を与えるものといえる。

共同学習に関する研究の傾向としては、小学校・中学校・高等学校における授業において、ペア学習やグループ学習を通して、授業を体系化し、教師と生徒、生徒同士が、相互に音楽活動を行う共同的課題解決過程が取り上げられてきた。竹内（2011）は、『音楽授業

における言語力育成についての一考察─「音の重なり」を指導内容とした実践を通して─』についての研究を行っている。ここでは、小学校5年生の鑑賞の授業において、《組曲グランドキャニオン─山道を行く》を用い、音楽科で育てるべき学力を知覚・感受とし、指導内容を「音の重なり」とした時、どのように言語力を獲得していくかについての授業分析を行った。その結果、「①知的活動に関しては、楽器の音色の重なりを知覚して、その判断を言語化した、②感性・情緒に関しては、知覚した音の重なりの質から感じ取ったイメージを言語化した、③他者とのコミュニケーションに関しては、感受の違い（ズレ）からコミュニケーションが起こった」と述べている。そして、「他者とのコミュニケーションの中から、次へと繋がる新たな課題（探求）が生まれたものである。」としている。この研究では、学習者が単独で課題に取り組むよりも、集団による方が問題解決が促進されることを指摘するだけではなく、共同による個人内変化のメカニズムの生成が探求されており、示唆に富むものである。

　問題解決過程に関する研究の傾向としては、主として、小学生・中学生の音楽活動場面を対象として、音楽科における問題解決過程における教育効果を実証的に検討する研究が見られる。兼平（2011）は、『芸術的探求としての音楽創作授業における子どもの問題解決過程─デューイの探求理論を手がかりに─』について研究している。そこでは、《かさじぞう》をもとに、締太鼓を用いて雪の音楽を作るという音楽創作授業を計画・実施した。その結果、芸術的探求としての音楽創作授業における子どもの問題解決過程の論理は、次のように示された。すなわち、「表現したいイメージと鳴り響いた音とのズレによって問題が生じ、その解決のために表現したいイメージを想起したり、音楽の構成要素を操作したりしていた。そこでは、そ

の働きを通して表現したいイメージの分節化が起こっていた。さらに、イメージの分節化によってイメージが作り替えられ、新たなズレが生じ、問題が作り替えられる」、という結果が明らかにされた。

　この研究の示唆するところは、学習上の悩みを抱え、自己学習力が十分とは言えない学習者に対する支援には、学習内容を教えるのみならず、問題解決による「学習方略」についての指導が必要だということである。

　学生の授業理解を主体的に促進するためには、彼らが理解しやすく、しかも納得を伴った理解を得やすい指導法が求められる。問題解決に関わる認知科学的アプローチ、ことにメタ認知に関して、ブラウン（Brown, 1978）は、そのために必要な基本的能力として、次の5項目を挙げている。すなわち、①自己の能力の限界を予測する：必要事項のメモをとるという行動は、自己の記憶能力の限界を正確に予測する能力に基づいている。②自分にとって今、何が問題かを明確にできる：小学生に、「あ」で始まる動詞を挙げるように質問したところ、多くの小学生は「分からない」と答えるばかりであったが、その答えの例をいくつか挙げたところ、答えることができた。この場合、小学生は動詞という単語の意味が分からなかったのである。このように、単に「分からない」という感じをもつだけではなく、「何が分からないか」を明確に分かる必要がある。③問題の適切な解決法を予測する：問題の適切な解決法を予測して、具体的な解決策の計画を立てる。有効な解決法の予測をして、解決の手順を決める。解決法が複数ある場合には、どちらがより有効かを判断する。④点検とモニタリング：問題解決過程では、解決策を実行するために、さまざまな活動が並行して起こるので、それらが目標や入力情報とずれないように、点検や監視をする。⑤活動結果と目標

を照らし合わせ、実行中の方略の続行、中止を判断する：特定の方略に基づく一連の活動結果が、目標に近づいているかどうかを評価し、その方略の続行あるいは中止を決定する、という5項目である。この5項目が示唆するところは、複雑な問題解決をする授業の活動においては、学習者がどのような時にどのような知識を用いて行動すればよいかに気づくことが重要であり、それを実行するための能力の育成が先決だということになる。

伊東（1985）は、メタ認知の発達に関して、①自己の能力を評価する能力、②有効な方略を予測し実行する能力、③自己の経験とそれに基づく行動のずれに気づく能力、の3種が必要になるとした上で、これらの能力の育成に関連して、大学生に文章を書き始める前や書いていく途中で考えたことを報告させた。その報告を分析することによって、彼らが文章を書くという課題をどのように解決するかを調べた。その結果、「彼らは、まず、書く目的を読み手に合わせるように明確にし、つぎに、読み手の反応を予測しながら表現の方針やプランを立てて文章を書いていき、最後に、設定した目標やプランにそぐわない表現は修正していく」ことを明らかにしている。

大学生の学習観・学習方略と、課題形式に対する能力評価に関する調査を行った藤村（2007）の研究によれば、両調査を文系と理系の大学生499名に対して実施したところ、次のような結果が明らかになった。すなわち、所属学部によって若干の結果の相違はみられるが、高校時代に「理解・思考」型の学習観の一部である「熟考解決」を重視し、「理解・思考」型の学習方略である「解法説明」「解法理解・考案」を用いていた場合には、記述形式の問題の得点が高かった。これに対して、高校時代に「暗記・再生」型の学習観である「手続き暗記・適用」を重視していた場合には、記述形式の問題

の得点が低い傾向を示した。この研究結果から、「学習観や学習方略というメタ認知の側面は、実際の知識獲得や知識の利用の仕方と関係が深い」と結論づけている。

　大学生を対象として、説明文における読解方略の構造に関する研究を行った犬塚（2002）は、その下位方略として、①意味明確化（簡単にいうとどういうことかを考えながら読む、難しい文は、自分の言葉でかみ砕いて読む、大切なところはどこか考えながら読む、集中して読む、具体的なイメージを思い浮かべて読む、どういう意味かをはっきりさせながら読む、など）、②コントロール（分からないところはゆっくり読む、どれくらい難しいかを判断して読むスピードを調節する、分からなくなったら、どこから分からなくなったのかを考え、そこから読み直す、一度読んだだけでは理解できないときは、もう一度読んで理解しようとする、時々読むのをやめて、それまでに読んだ内容を思い出す、意味が分からないところや難しいところを繰り返し読む、など）、③要点把握（コメントや内容をまとめたものを書き込む、段落ごとの要約を書く、大切なところを書き抜く、内容をまとめるために簡単な表や図を書く、大切なところに線を引く、読みながら大切なところとそうでないところを区別する、など）、④記憶（難しいことばや内容は理解しないで丸暗記してしまう、覚えるために繰り返し読む、大切な文は考えずにそのまま覚えようとする、など）、⑤モニタリング（自分がどれくらい分かっているかをチェックするような質問を自分にしながら読む、読み終わってから、自分がどれくらい分かっているかをチェックするような質問を自分にする、知らない字や言葉を探して読む、読みながら内容が正しいかを考える、先生ならどういう質問をするかを考えながら読む、など）、⑥構造注目（どことどこが対応しているかを考えな

がら読む、接続詞に注目しながら読む、意味段落に分けて考える、次にどういう内容が書かれているかを予想しながら読む、文章の組み立てや構造を考えながら読む、題名を考えながら読む、段落ごとの要約を考える、文脈から全体像を予測する、など）、⑦既有知識活用（既に知っていることと読んでいる内容を結び付けようとしながら読む、自分が今まで知っていることと比べながら読む、具体的な例を挙げながら読む、新しい言葉を覚えるために具体的な状況を思い浮かべる、など）、の7つの方略を明らかにしている。これらは、部分理解の方略、内容学習の方略、理解深化の方略にまとめられるものであり、課題解決方略として、大学生の学習場面に欠かせないものであろう。

　次に、本研究で用いるスキーマ（schema）の概念について言及したい。スキーマは、知識を体制化する心の枠組みであり、関連した概念を組み合わせて、意味のあるまとまりを作り出す。外界から情報を収集する際に、人間は構造化されたスキーマを用いると考えられている。授業理解における学習動機づけをスキーマ（内省や価値が結びついたもの）ととらえることも重要である。学習目標を達成したいという意図や、そのためにどのような方略を使うかという意識を明確にもつとき、学生はスキーマを用いることによって、その学習課題に取り組む意味を理解する。授業の中でスキーマの全体を教えることはできないが、概念や学習スキルについて指導することが重要だといえる。

　授業を語るイメージスキーマに関して、秋田（1999）は「授業をイメージする」の中で、小学校国語の授業研究会での会話や記録資料を示し、教師たちが個々の授業を検討し語る際に用いられた比喩の一部を整理している。そこでは、使用された言葉を分類すること

により、授業に即した形のイメージの分類ができ、これにより、教師がどのような観点から授業を見ているかが明らかにされている。授業の見方に関しても、個々の語をみると、動きや身体感覚を駆使しながら授業を見ていることが分かるということである。授業を語る際のイメージスキーマとしては、次の4点、すなわち、(1) 教師―生徒の関係、(2) 授業展開、(3) コミュニケーション、(4) 教材との関係、が挙げられている。これらの語は、個々の行動ではなく、授業での一連の行動や出来事から受けた印象を語る際に使われ、参加者にとっては、その状況にぴったりと当てはまるという感覚をもって受け止めることのできた語だということである。

　三宮（2010）は、メタ認知研究の意義として、①認知モデルの精緻化（学習に関する人間の情報処理のモデルの中にメタ認知を組み込むことにより、より精緻なモデルとなる）、②学習者の能動性・自己制御への注目（学習者がどのようにメタ認知を働かせるかを調べることは、学習の能動的側面、自己制御的側面に光を当てることができる）、③学習者の認知的側面と動機づけ（別々の枠組みで研究されることが多かったが、メタ認知の観点を導入することで、学習における認知と感情・動機づけが関連づけやすくなる）、④学習の転移を説明する枠組みの提供（現実の学習現象を観察すると、領域を超えて学習が転移することが少なくない。学習したことが同一領域内にとどまるのか、あるいは領域を超えて転移するのかを左右する重要な要因は、メタ認知である）、などを挙げている。本研究における学生の授業理解においても、これらの諸点が大きな役割を果たしていると考えられるので、研究の過程で参照していきたい。

4　問題の所在

　教職課程における授業理解を高めるためには、学習に対して主体的に取り組ませることが必要になる。なぜならば、近年の学生は、学習目標を主体的に学習することにおいて、消極的な姿勢を少なからず示すからである。そのために、学生が理解しやすく、取り組みやすい学習指導法の開発が望まれる。本研究では、メタ認知とスキーマ理論を活用することによって、教職課程における学生の授業理解の向上を図ろうとするものである。

5　研究の方法

（1）対象者

　2010年度、教職課程の「生徒指導論Ⅱ」（選択科目）を受講する4年生10名。全員が教育実習の修了者。

（2）実施手続き

　「生徒理解」の単元を学ぶ中で、演習の形式で実施された。1回目の演習（35分間）では、最初の20分間に音楽科授業の映像資料（NHKの「教師の時間：音楽科授業―鑑賞」として放映されたもの）を視聴した。残りの15分間で、「どのような観点から授業を見ていたか」についての省察を自由記述する、という課題が与えられた。2回目の演習（20分間）では、前回の演習についての討論を行い、仲間と学び合っていく中で、「イメージによる学び」の共有体験をするという課題が与えられた。討論内容は、録音テープに記録された。

(3) 音楽科鑑賞授業の映像資料

①授業者　　宮崎市立住吉小学校　砂土原　悟先生（6年1組　44名）

②鑑賞教材　　湯山　昭　作曲　《子どものための交響曲―海の子ども》

③授業内容

・導入　　イメージトレーニング：教師の描いた絵カード（貝殻・りんご・ランプなど）を見せて、思い浮かぶイメージを発表させる。

・展開　　鑑賞：曲から思い浮かぶイメージを「50字メルヘン」にまとめて、それについて発表させる。次に「3行メルヘン」にまとめ、「ピクチャータイトル」を付けさせる。最後に曲のイメージを絵に描かせる。

・まとめ　　自分が描いた絵と、他の生徒が描いた絵の感想を述べさせる。

(4) 砂土原悟先生による《授業のプロトコル》は、次のようなものである。（Tは授業者、Cは生徒）

T1　はい、それでは、こちらを向いて。

T2　えー、今から発表してもらおうと思います。

T3　目を通しましたか？　通した？　大丈夫？

C1　はい。

T4　あのー、みんな鉛筆はよく動いていたから、おそらくみんな書いていると思います。それでは、「50字メルヘン」ですが、Nさん。

C2　はい。

T5　もう一寸、大きな声で読んでみて。みんな耳を傾けましょう。

C3 　暗い、暗い、森の中も、夜が明けようとしている。小鳥たちはさえずり、動物たちは目を覚まし、動き始める。

T6 　はい。そういうイメージを描いたんですね。それじゃ、次は、Tさん、どうぞ。

C4 　はい。けんかに負けて、帰ってきたら、ぼくとけんかしたやつが来ていた。だまって、ぼくの手にビー玉を渡していった。

T7 　なるほど。はい。それじゃ、もうあと3人、誰か？　はい、B君、どうぞ。

C5 　海。深い深い海。とてつもない大きな岩が転がっている。魚は足がないけれど、海のあちこちを回り、足音・・・足跡を残している。

T8 　はい。つぎはHさん。

C6 　真っ暗な世界。何もないところへ、一人っきりで来てみた。まわりの世界に驚いていると、一筋の光が見えてきて、喜びの声をあげた。

T9 　はい。一応、もう一人、どうぞ。Kさん。

C7 　誰もいない夜の浜辺に波の音が響き、空には、光った星たちが、寄り添い、楽しそうに歌っていた。

T10 　はい、それじゃ、Tさんのをもう一度読んでもらおうか。今度はね、Tさんのイメージをもう一度聞いてみて、何か感想があったら言ってください。

C8 　けんかに負けて、帰ってきたら、ぼくとけんかしたやつが来ていた。だまってぼくの手に、ビー玉を渡していった。

T11 　これを聞いて、何か意見がある人？

C9 　あの音楽を聴いて、あまりそういうイメージは思い浮かびませんでした。

T12　ああ、そう。それでは、Kさんのイメージはどうでしたか？
C10　青い海の景色が浮かんできました。
T13　はい。それでは、Hさんのイメージは、どう感じましたか？
C11　真っ暗な世界に、光が差し込んできたイメージは、すごいと思います。
T14　そう。Hさん、あなたはこの光にどういう気持ちを込めたんですか？
C12　少年が、暗い世界に入ってきて、まだ辺りが真っ暗なので、何かあるか探していると、そこへ、希望の光が・・・一筋の希望の光が、少年の目に映った、ということを考えました。
T15　それじゃあ、この光の部分を感じて書くきっかけになったのは、あのラーラーラーラー・・・という、あの、セレナーデ、これ、セレナーデなんですけどね、あのメロディーの時に、この光の・・・希望の光をイメージしたんじゃないですか？　あの・・・違いますか？
C13　そうです。
T16　そうでしょうね。ラーラーラーというのが２回くらい聞こえましたね。ぼくは、あそこの部分に、みんなが随分反応すると思ったんですけどね。
　　　それでは、Bさんのイメージについての感想は、何か感じた人はいますか？　このイメージへの印象っていうのかな。だれでもいいよ。答えてみて。Mさん。
C14　青い海に，まだ光も差さない夜に、急に朝がやってくる。そうすると、朝日が海を照らして、魚たちも目をさましてくるんだと思いました。
T17　ああ、そうですか。

C15 何とも言えずに、神秘的な感じがします。
T18 神秘的なイメージを思いうかべたんだね。
　　（省略）

6　結果

(1) 授業のイメージスキーマによる省察と学び

　鑑賞授業の映像資料を視聴した後の省察記述について、13個のイメージスキーマに分類し、次のようにまとめた。（アルファベットは省察記述例を示す。）

①力のスキーマ

（A）音楽を聴く前に、先生の描いた6枚の絵カードを見ながら、イメージトレーニングをしていた。この授業での中心的な活動は、音楽を聴いて絵に表現するということである。その中で、先生は生徒にこれらの作業を押しつけることなく、イメージを膨らませる方向に引っ張っていったのは、良かったと思う。

（B）イメージトレーニングで提示された絵カードについての感想を述べやすくするために、いろいろな方向から問いかけをしていた。時には、「ランプ」の解説をしすぎて、生徒の意見を引きすぎる場面が見られた。つっこんでしまっていた。

②型のスキーマ

（A）《海の子ども》の曲を鑑賞した後、「50字メルヘン」「3行メルヘン」「ピクチャータイトル」を仕上げ、「絵を描く」という4つの作業の中で、生徒達は、それぞれに自分の想像力をフルに働かせている。教師は、周到な構想を練って、これらの作業のために、それ

ぞれの準備に時間を掛けて用意しているのだと思う。
（B）授業が始まる前から、教室には音楽が流れていた。授業開始時から、先生はすぐにイメージトレーニングを進めている。先生の用意した「絵カード」によるイメージトレーニングを行う中で、生徒の頭の中には、鑑賞の授業への心の準備が、次第に整えられていくと想像できる。先生による、このような丁寧な準備が、生徒の授業への心の枠組み作りに良い作用をしていると感じた。
③接触のスキーマ
（A）生徒の心が、《海の子ども》の音楽に対して、とても敏感に反応していると感じた。それは、先生が、どの生徒の発表の思いにも、寄り添うようにしていることによると思う。生徒の心の深い部分に対して、問いかけている場面が見られたから。
④味わいのスキーマ
（A）ピクチャータイトルをつけ、『海の子ども』の音楽からの印象を絵に描きながら、生徒達は、そのイメージが具体的に表現されるように、一生懸命に取り組んでいた。先生も、その様子に目を配りながら、それぞれの表現を深く味わおうとしていた。
（B）生徒の発言に対して、先生が生徒の気持ちを良くくみ取ろうとしていた。そして、それぞれに対して、非常に適切な感想を返しているのが、とても効果的だった。
⑤見方のスキーマ
（A）先生が描いた「絵カード」によるイメージトレーニングの場面で、先生は、生徒が意見をどんどん述べることができるように、温かく見守っていた。
⑥演じとありのままのスキーマ
（A）先生が自ら体験的なイラストを描いて、教材として生徒に見せ

ていた。
⑦場のスキーマ
(A)「絵カード」によるイメージトレーニングの過程で、すでに多くの生徒のイメージの推敲が行われており、「50字メルヘン」から「3行メルヘン」そして「ピクチャータイトル」へと書き進む中で、生徒たちは、共通の場面の上に立っていた。
⑧中心と周辺のスキーマ
(A)授業開始から、まず1枚の絵のイメージトレーニングをすることにより、心の柔軟体操をしている。そこから、自分の心を開き始め、イメージをどこまでも広げようとする意欲を高めている。そして、それを他の生徒に率直に伝えてみようという表現の意欲が見られる。そのために、おおかたの生徒は、横道にそれることなく集中しているのだと思う。
⑨ドラマのスキーマ
(A)今日の音楽鑑賞の目標として、音楽を聴いて、最終的にはそのイメージをもとにして絵を描くという、教室のルールが理解されていて、どの子どもの絵にもストーリーが表現されていた。先生自身の授業のテーマを、あらかじめ生徒達は良く理解していて、その上で、それぞれのドラマが作られていた。
(B)生徒たちは、『海の子ども』の曲を聴いてから、それぞれにイメージをふくらませて、シナリオ作りに熱中して取り組んでいた。
⑩伝達と交流のスキーマ
(A)音楽を聴いて、《海の子ども》のイメージを、それぞれ積極的に発表しあう中で、自分とは異なる友達の発想に対しても、自由に発言できていたと思う。
(B)個人の心の中の情景を、自発的に発表できるように引き出して

いた。このような教室の雰囲気を作り出すためには、生徒の想像力や表現力が自然とあふれ出るような配慮が必要になるだろう。生徒達から、つぎつぎに出されて来る意見を、うまくつなげることにより、さらに交流を豊かにしていた。

⑪つなぎと放しのスキーマ

（A）生徒一人ひとりが、自分のイメージしたことを、皆の前で口にするということは、かなり勇気のいることである。他の人の感じ方が自分とは違うという学習を通して、生徒達の心と心をうまく結び付けていた。

⑫入れ物への出し入れのスキーマ

（A）実際に表現されたものは、文章と絵である。音楽が表現されたのではなかった。確かに、創造性をフルに生かした発言力は身につくかも知れないが、音楽の授業で得られるべき表現力という面からすると、もう少し、音楽的表現力への問いかけを生徒にする必要があるのではないだろうか。

（B）鑑賞する曲の説明を全く行わずに、何のヒントも与えずに、音楽鑑賞をして、生徒の感じた事柄だけを純粋に取り上げている。生徒の独自性を他の生徒に知らせることにより、生徒の個性を理解させることに役立っている。

⑬対峙のスキーマ

（A）この授業の映像を見ながら、大学生の自分も、小学校6年生の課題に取り組んでみようと思い、《海の子ども》を聴きながら、何がイメージできるか試してみた。しかし、まともなイメージが浮かばなかった。私よりも小学校6年生の方が、この題材とうまく出会えている理由は何かと考えてしまった。

（2）討論による課題解決方略

討論による課題解決方略の中で、出された発言は次のようなものである。（発言順にアルファベットを付けた。）

(a) 先生は、生徒の子どもらしい発言、「かみなりかと思いました」などを軽視していると思った。素朴な意見も尊重して欲しい。イメージを重視する授業は、中学生や高校性よりも、小学生に向いていると思う。

(b) 生徒は、浜辺、海、森などの自然の風景をイメージしていたのに対して、「けんかをした友達とビー玉」をイメージした生徒の意見を、2度も繰り返して取り上げたのは、教師が心情的なものを重視していたからではないだろうか。どんな意見も同じレベルで扱って欲しい。

(c) 全体を通して考えてみると、この先生は、音楽を聴いてイメージを盛り上げるという鑑賞の仕方にこだわっていると思う。曲の傾向が、イメージという特定の路線に乗っているので、音楽そのものの構成美との間のギャップを、もっと考慮すべきだ。

(d) この曲は、ほとんど多くの生徒が、これまでに聴いたことが無かったものだと思う。教師は、そのことを意識して、曲を選んだのではないか。この授業で、有名な曲を使用したとしたら、あまり意味が深まらなかったのではないか。

(e) これが鑑賞の授業かと釈然としない思いが残る。それに、生徒が1回だけ曲を聴いただけで、どんどん絵を書き進めているのも信じられない気がする。

(f) 私も、鑑賞の授業なら、もっと音楽を聴かせることに主体をおいた授業にするべきと思う。この授業によって、本来の鑑賞の能力の

育成が達成されるのだろうか。
(g) この授業は、「国語と美術」の合科授業のようなものなのだから、その良さを追求すべきだ。
(h) 私は、この授業によっても、生徒の鑑賞の能力を高めることは出来ると思う。この授業は、生徒の創造性の能力を高めているので、鑑賞につながるものがあるような気がする。
(i) 生徒が絵を描いている間中、《海の子ども》の音楽を流した方が良かった。
(j) 音楽を瞬間的に受け取ることが大事だ、と、この教師は考えているのではないか。
(k) フレーズの説明は、「ラーラーラーというところね」という一箇所しかない。
(l) これが鑑賞の授業か・・・という意見が述べられていたけれども、この活動は、鑑賞の授業の導入部分に当たる訳で、これを導入することによって生徒は、音楽の楽しさを味わうことができる。この後、イメージのもつ意味が子どもにも分かってくると思う。したがって、この授業は、立派な鑑賞の授業の一形態といえると思う。
(m) 教師が、「こういうイメージトレーニングをすると、心が磨かれてくると思います」と言っていらしたが、私は、この授業そのものは、これで立派に授業として成り立っていると思う。
(n) ああいう風に、生徒が早く描き始めるということは、曲を鑑賞してメルヘンを仕上げるためにだけ描いているように感じてしまう。
(o) 音楽を瞬間瞬間でとらえるのは、それはそれで良いと思う。それよりも、ここでは、あくまでも、鑑賞なのだから、曲をもっとゆっくり何度も十分に聴かせたい。
(p) 子どもは、思いついたことを、すぐに書かないと忘れてしまう

だろう。それだから、子どもが文を早く書き、絵を早く仕上げるということは、理解できる。

(q) この生徒達は6年生だけれど、低学年からの効果的な鑑賞を考えると、絶対音楽より標題音楽のほうが有効であると思う。

(r) これが、表現科の授業だったら、先生の意図も分かるような気がする。

(s) 音楽に身振りをつけたり、絵を描くことも、「音楽の授業」の一形式として取り入れたいという気がする。

(t) メルヘンを書く、絵を描くという作業を、次々にこなさなければならないので、生徒は、いつも追われた気分で過ごしている。落ち着いてゆっくりとした気分で音楽を鑑賞するという雰囲気ではないような状態に思われる。

(u) 子どもが音楽を味わう楽しさを感じることが、まず大事だと思う。

7　まとめと考察

(1) 授業のイメージスキーマによる省察と学びについて

　授業を予測し、実際の授業行動を導くには、イメージの概念が重要な働きをする。また、イメージは授業を振り返り、省察する場合にも、重要な機能を働かせていると考えられる。学生達は、砂土原先生の鑑賞授業の映像を視聴した後に、その内容を振り返り、そこで省察したことを記述した。授業に関する意見を記述する際に使用された語を、授業に即した形の13個のイメージスキーマに分類した。これにより、学生達がどのような観点から授業をみているかが明ら

かにされた。

　これらのイメージスキーマは、それぞれ単独の行動（①A，②B，⑥A，⑨B）だけではなく、授業における独自の行動や出来事（⑦A，⑧A，⑨A，⑩B，⑫B）からの印象を語るときに用いられていることが分かる。それぞれのイメージスキーマは、鑑賞授業における砂土原先生の指導行動の状況を、かなり明らかに示しているものと思われる。また、ここに取り上げられたイメージスキーマは、一般的な授業行動についても当てはまるものが多いことが分かった。

　今回のように、具体的な鑑賞授業について検討しようとするとき、これらのイメージスキーマは、指導行動の問題点や課題について、概略的に取り上げられることが多い。学生間で理解される授業談話は、より多面的にとらえられている（⑦A）。このような授業実践の映像を数多く視聴することによって、学生は授業を評価する際に、さらに適用範囲の大きなイメージの水準を形成することが可能になる。また、仲間との間で共有されたイメージ（③A）が、授業実践をさらに深めるように機能することが予測される。

　これらのことから、授業づくりに関するイメージの働きについて予測される認知的モデルの形成段階としては、次のようなものが考えられる。（1）認知的段階：①再生スキーマによる段階（初期状態・初めての状態から、望ましい結果を理解した上で、過去の経験に依拠して課題を遂行する段階：教師の働きかけとしては、「今までの経験を思い出して、取り組んでみよう」など。）②再認スキーマによる段階（過去の経験だけでは何がうまくいかないのかを考えさせる段階。教師の働きかけとしては、今までの経験だけでは何がうまくいかないのか、新しくどんなことを学べばよいのかを考えさせる。）（2）連想を深める段階：③充実段階（手続き的知識の形成をはかる。

教師の働きかけとしては、もう一度原理をしっかりと理解して取り組ませる。）（3）自律性を深める段階：④課題遂行段階（ここでは、いろいろな情報との般化・弁別や、信念の強固傾向などにより、自己の感覚をよく見極め、他からの情報も取り入れてる。）が考えられる。

今回の「イメージスキーマによる省察と学び」の過程は、大学4年生を対象とした「生徒指導論Ⅱ」（選択科目）におけるものであり、履修学生10名全員が教育実習修了者であった。そのために、これらの学生は、認知的段階（「再生スキーマによる知識取得段階」と「再認スキーマによる知識取得段階」）にあったことが推定される。

課題遂行時の内省的記述（形成的評価）としては、①自分の学習や理解度に関して不安を感じた、②最後まで頑張ってやり遂げたいという意欲をもって取り組んだ、③映像をみて、驚きを感じたが、その解釈をしっかり書くことができなかった、④手順について、自分なりのイメージがもてた、⑤省察のこつをつかむのに工夫をした、⑥どのように省察をまとめればよいのかについて、自分なりに判断できた、などの記述がみられた。これらの内省的記述から、学生自らが学習過程を俯瞰的に把握することの重要性を理解したものといえる。また、課題解決に対する方略、つまずきに対する方略、課題達成に向けての方略の重要性についても、同様のことがいえよう。

足立（1994）は、学習指導や教授学習過程の設計に対して、「スキーマ理論」が示唆することとして、次の3点を挙げている。①生徒の「理解・納得」を促進するには、「教師が提供する情報」と生徒が既に形成している「既有スキーマ」との関連づけを図る必要があるが、それを生徒が自主的かつ有効的（既有スキーマとの関連で意味が分かる）に行えるように援助することが大切である。②生徒の主体的学

習を促進するには、生徒が「既有スキーマ」を自主的に再構成できるように支援する授業構成が大切となる。③生徒が転移可能性の高い（実際に使え、かつ応用性がある）知識と思考能力を形成するには、「学習内容に含まれるスキーマ群」を相互に関連づけるとともに、自分の「既有スキーマ群」もそれに関連づけて全体を体系的に構造化することを、生徒自身で実行できるように支援することが大切である。

　これらの3点は、教授学習過程の設計を学習場面でいかに具体化すればよいかを示唆しており、また、スキーマの再構成を評価するためには、従来の形成的評価による断片的な測定だけではなく、質的な知識構造の評価の方向性も示唆している。

（2）討論による課題解決方略について

　討論による課題解決方略の結果から明らかにされたことは、次のことがらである。①解答を安易に学ぶのではなく、考える手がかりを示すことによって、学生が自分の力で課題を解決するようになる（発言a：イメージを重視する授業は、中学生や高校性よりも、小学生に向いている、　発言f：鑑賞の授業なのだから、もっと音楽を聴かせることに主体をおいた授業にするべきだ、など）、②学生自らが、学習に責任をもち、授業の成果と改善への意欲をもつようになる（発言d：この授業で有名な曲を用いたらあまり意味が深まらなかったのではないか、発言i：生徒が絵を描いている間中、鑑賞曲を流しておいたほうがよい、など）、③学生が授業で学んだことを新しい場面に適用できるようになる（発言q：この生徒は6年生だけど、低学年からの効果的な鑑賞を考えると、絶対音楽より標題音楽の方が有効である、など）、④学生は、学習教材をどのように体系化するか

を考える（発言 l：この活動は、鑑賞授業の導入部分に当たる訳で、これを導入することにより生徒は音楽の楽しさを味わうことができる、など）、⑤学生は、自らの体験を通して概念を学ぼうとしている（発言 p：子どもは、思いついたことをすぐに忘れてしまうものであるので、早く書き出すことは理解できる、など）、⑥学生は学んでいることを彼らの予備知識に関連づけようとしている（発言 s：音楽に身振りをつけたりすることも、音楽の授業の一形式だという気がする、など）、⑦学生自身が成功したり失敗した事柄を自分で説明できるようになる（発言 b：同一の生徒の意見を 2 度も取り上げたのは、心情的なものを重視していたからではないか。どんな意見も同じレベルで扱って欲しい、など）、⑧小グループをつくって、仲間たちと共に学ぶ機会をもつ（発言 l：これが鑑賞の授業かという意見を述べた人がいたが、私はそうは思わない。これも立派な鑑賞授業だ、など）、⑨学生は複雑な課題にも取り組む（発言 g：この授業は、合科授業の一種なのだから、その良さをもっと追求したらよい、など）、⑩問題に対して、どのように対処すべきかについて考えるようになる（発言 t：生徒は課題を次々にこなさなければならないので、落ち着いて鑑賞するという雰囲気ではない、発言 u：子どもがもっと音楽の楽しさを感じるようにすることが大事だ、など）である。

　これらの結果をまとめると、次の 2 点になる。(1) 対話による多様なメタ認知方略は、対話の機会をできるだけ多くすることにより、相互のモニタリングを可能とし、相互作用による自己統制を促すことができた。(2) メタ認知能力を育成し、討論による課題解決方略を導入することにより、授業における目標、題材、教材の構造、指導法に関する理解と認知に関して、一定の学習成果を上げることができた。

8　今後の課題

　近年の学習方略研究には、2つの大きな流れが見られる。第1は、人間の学習過程を情報処理システムと考え、それぞれのプロセスに必要な方略の解明を目指して発展してきたものである。この方略には、リハーサル方略（学習のために繰り返し反復する）、精緻化方略（イメージを思い浮かべて覚えやすくする）、体制化方略（学習内容が関連をもつように、まとまりをつくる）、理解モニタリング方略（学習目標を立てたり、修正したりする）、動機づけ方略（学習意欲を持続するためにとる）、などが挙げられる。この中でも、理解モニタリング方略は、メタ認知的学習と考えられ、教職課程における授業認知にも、今後、具体化して取り入れることが望まれる。第2は、今後の教育において特に重要になる自己制御学習である。この自己制御学習を行うためには、学生が課題の要求や課題の遂行に役立つ学習方略について正しく理解することが重要である。この学習方略には、自己評価、目標設定とプランニング、情報収集、自己強化などが含まれるので、学生には、批判的思考やメタ認知的方略、さらには、自己の努力管理までもが求められることになる。したがって、今後、教職課程の「教育心理学・生徒指導論」の授業においては、教示による学習方略の適切な指導が期待されよう。

　三宮（2010）は、メタ認知研究の課題として、①メタ認知と認知の区別（メタ認知レベルと認知レベルは複雑な相互依存関係にある）、②メタ認知的知識とメタ認知的活動の関係（メタ認知的知識をもっていても、これをメタ認知的活動の中で十分に生かせない生徒がいる）、③メタ認知的モニタリングとメタ認知的コントロールとの関係

（前者の結果が後者に反映されない場合がある）、④メタ認知と意識の関係（無意識的な知識や活動をメタ認知と見なすか否かは、意見の分かれるところである）、⑤メタ認知の測定（メタ認知の測定には、インタビューや質問紙、発話思考、行動観察などの方法が用いられてきた）などを挙げている。そして今後のメタ認知研究の重要な課題として、メタ認知の測定のための方法論とデータ分析のガイドラインの確立を提案している。筆者は、これらの諸点に加えて、メタ認知におけるワーキングメモリー（作動記憶）の果たす役割の重要性を指摘したい。教職課程における授業理解において、授業における言語理解・推論などの複雑な認知課題の解決のために必要な情報を、如何に保持し、それに基づいて情報の操作をするかのワーキングメモリーの解明は、更に望まれる課題である。なぜならば、学習の過程でつまずきを示す学習者や、メタ認知的知識がうまく働かず、ネガティヴな認知傾向を示す学習者への関与も急務だからである。

引用文献

足立明久（1994）「スキーマの自主的な再構成を支援する構成主義的学習指導の理論と実際―教授学習理論に対する客観主義、構成主義、及びスキーマ理論の示唆―」『京都教育大学紀要　A85』1-28.

東真理子（2011）「《八木節》の鑑賞学習における身体表現導入の方法とその有効性―身体同調を視点として―」『学校音楽教育研究』15：13-23.

Brown, A. L.（1978）Knowing when, where, and how to remember: A problem of meta-Cognition. In Glaser, R.（Ed）Advances in Instructional Psychology. Vol. 1. Lawrence Erlbaum Associates. 湯川良三・石田裕久（訳）『メタ認知―認知についての知識―』サイエンス社.

藤村宣之・太田慶司（2002）「算数授業は児童の方略をどのように変化させるか」『教育心理学研究』50：33-42.
犬塚美輪（2002）「説明文における読解方略の構造」『教育心理学研究』50：152-162.
兼平佳枝（2011）「芸術的探求としての音楽創作授業における子どもの問題解決過程―デューィの探求理論を手がかりに―」『学校音楽教育研究』第15号　188-189.
三宮真智子（2010）『メタ認知―学習力を支える高次認知機能―』北大路書房.
竹内悦子（2011）「音楽授業における言語力育成についての一考察―音の重なりを指導内容とした実践を通して―」『学校音楽教育研究』第15号　178-179.
渡部尚子（2011）「イメージの分節化を促す指導の一考察―教師と子どもの対話を手立てとして―」『学校音楽教育研究』第15号　153-154.

参考文献
秋田喜代美（2006）『授業研究と談話分析』放送大学教育振興会.
秋田喜代美・ルイス、キャサリン（2008）『授業の研究・教師の学習―レッスンスタディへのいざない―』明石書店.
浅田匡・生田孝至・藤岡完治（1999）『成長する教師―教師学への誘い―』金子書房.
箱田裕司　都築譽史　川畑秀明　荻原滋（2010）『認知心理学』有斐閣.
市川伸一（2008）『教えて考えさせる授業』図書文化.
木原俊行（2004）『授業研究と教師の成長』日本文教出版.
清野美佐緒（2009）『音楽教育の基礎と実践』開成出版.
清野美佐緒（2010）『音楽教育事例研究』開成出版.
Mason, L., Gava.M., & Boldrin, A.（2008）On warm conceptual

change:The interplay of text epistemological beliefs, and topic interest. Journal of Edudcational Psychology, 100,291-309.

丸野俊一（2007）「適応的なメタ認知をどう育むか」『心理学評論』50（3）341-356.

松尾剛・丸野俊一（2008）「主体的に考え、学び合う授業実践の体験を通して、子どもはグラウンド・ルールについての認識の変化を示すか」『教育心理学研究』56（1）104-115.

Mayer, R. E.（2008）Learning and instruction.New Jersey:Prentice Hall.

National Research Council（2000）How people learn: brain, mind, experience, and school, Washington, D.C. National Academy Press.

Reeve. J.（2009）Why teachers adopt a controlling motivating style toward students and how they can become more autonomy supportive. Educational Psychologist, 44, 159-175.

三宮真智子（1995）「メタ認知を促すコミュニケーション演習の試み」『鳴門教育大学学校教育研究センター紀要』9　53-61.

三宮真智子（1996）「思考におけるメタ認知と注意」市川伸一（編）認知心理学　4　『思考』東京大学出版会.

Sawyer, R. K.（Ed.）（2006）The Cambridge handbook of the learning science. New York: Cambridge University Press.

高垣ユミ（2006）『授業デザインの最前線―理論と実践をつなぐ知のコラボレーション―』北大路書房.

高垣マユミ（2010）『授業デザインの最前線　Ⅱ―理論と実践を創造する知のプロセス―』北大路書房.

辰野千壽（1997）『学習方略の心理学』図書文化.

都築誉史・河原哲雄・楠見孝（2002）「高次認知過程に関するコネクショニストモデルの動向」『心理学研究』72　541-555.

Vigneau,M.（2006）Meta-analyzing left hemisphere language areas: Phonology,semantics, and sentence processing. NeuroImage,30,1414-1432.

Willems, S. (2006) Mere exposure effect: a consequence of direct and indirect fluency-pre- ference links. Consciousness and Cognition, 15, 323-341.

A Process of Student Learning-Understanding inTeacher Education Courses — Through Reflection on Music Appreciation Class inElementary School —

Misao KIYONO

The purpose of this research was to examine the experience of learning-under-standing of students (N=10) in teacher education course of Student Guidance. In order to investigate how images of teaching change in the course, students were asked to reflect on music appreciation class in elementary school.

Specifically, this research was designed to (a) clear the reflection process on the images of teaching in music appreciation class through sixth grade and (b) clear the process of knowledge sturucture in discussing on the teachers' classroom images in music appreciation class through sixth grade.

The image schema through the reflective process were (1) relationship between teachers and students, the examples are, ① a power-schema: the teacher forced students to undertake the learning task. ② a style-schema:the teacher made arrange-ment and paved the way for music appreciation. ③ a contact-shema:the teacher came into contact with students in teaching music appreciation.④ a taste-schema:the teacher enjoyed and appreciated pupil's expressions. ⑤ a viewpoint-schema:the teacher always watched pupils voice.⑥ a performance-schema:the teacher told his real self to students frankly. (2) classroom practice-schema, ⑦ a field-scheme:the teacher was based on the common field with students' activities.⑧ center vs.around-schema:the teacher were reaching the most important part of the subject matter. ⑨ drama-schema:Everything went according to teacher's schedule. (3) communication, ⑩ the teacher promoted an active interchange. ⑪ an organization-schema:the teacher organized in arranging the classroom discussion. ⑫ an interpretation-schema:theteacher always made use of pupil's strong points. (4) the relationship between the teaching materials: ⑬ standing face to face-schema:the teacher stood face to face with pupils.

From the results of analysis on the image schema through the reflective process, results indicated that students who watched the video tape of music appreciation class, reported their reflections according to the stage of the lesson processes.

The acquisition of lesson-understanding had three stages. (1) Cognitive stage: At the beginning of the process of lesson-understanding, new information enters in their form. In this stage, students learn about a set of facts relevant to the learning skill,such as description of the procedure. The knouledge of how to carry out a procedure is self-reliant, as step-by-step performance statements. At this point students generate action through interpretations of the verbal statement, and carefully monitor the results of the actions when they carry out each step of the learning. The processing in this stage is deliberate and slow. (2) Associative stage: The major development of this stage is knowledge by the images. The description of the image process is aimed to produce successful procedures in order to speed up the execution of description , drop the verbal rehearsal and eliminate piecemeal application during the associative stage, they have in the process of description. Description is the process of organizing a series of actions together into a unified production. This produces considerable speedup by composing sequences of steps into one single action. Also, once the skill is proceduralized , the new integrated image requires the domain specific information to be retrieved into working memory. (3) Autonomous stage: After a skill has been compiled into a task-specific procedure, the learning process involves an improvement in the search for the right production. In this stage, the procedure become self-reliance. The process underlying this stage is tuning. Three learning mechanisms serve as the basis of tuning: generalization, discrimination, and strengthening. The basic function of the generalization process is to extract from different productions what they have in common. The generalization process produces broader production rules in their range of applicability. It facilitates the transfer of knowledge in a novel situation. The discrimination process produces narrow production rule. The discrimination process restricts the ranges of application of productions to the appropriate circumstances. The discrimination process facilitates the development of powerful,domain specific productions. In this stage, students are also getting better at selecting appropriate opinion in a particular context. The criterion of selection is degree of strength each opinion has a strength that reflects the frequency with which the opinion has been successfully applied.

According to the task- solving strategy, students were asked to discuss on the music appreciation class of the fifth grade. Metacognitive thinking by discussion became a key element in the transfer of learning. Students' development of metacognitive skill is defined as meta-learning. Meta-teaching strategies could help mediate the metacognitive skill of students , help to stimulate students' thinking in this research.

Research suggests that students conceptualise new experience as mental representations, representing new experiences in terms of frames which act as kinds of mental scripts. These individual cognitive representations derived from social and cultural experience to provide expected sequence of events. .The way that students construct mental representation of experience had a powerful effect on students' awareness of tasks, and of themselves as learners. This research points to the crucial importance in learning of considering ways in which students internalize or frame their learning experiences.

This research suggests that students learned in a wide range of music appreciation class of fifth grade have acquired a repertoire of cognitive thinking, cooperative learning and individual knowledge acquisition. In solving complex subjects , students typicdally needs to focus on each part of the task, image-schema and subject solving task, whereas students recalls the appropriate technique of thinking frame from past experience, enabling their thinking to be concentrated at a broader and more strategic level. This research also points out the importance of evaluating progress and solutions of reflective practice in future.

第3章
大学授業における「動機づけ理論」の基礎研究

1　大学授業研究が直面している課題について

　大学における授業研究の必要性が議論されるようになってから、かなり時間が経過したと思われる。しかし、それが本格的に研究され始めたのは、近年のことではないだろうか。今日ほど、大学における学びの転換の必要性が語られることは、これまでに無かったと思われる。このことは、大学段階における学習観の転換が今後欠かせないことを示唆しているともいえる。大学の大衆化が進む我が国において、大学での学びの転換を実現するためには、大学授業研究を通してそれに関わる事項や論点を整理して、的確な方向性を示す必要があるであろう。

　筆者は、長年にわたり大学において、教職課程（教育心理学・生徒指導論）音楽教育演習・音楽心理学、そして大学院博士前期課程（音楽教育文献研究修士論文演習）、博士後期課程（音楽教育総合研究・博士論文研究指導）を担当してきた。大学2年生から博士後期課程までの授業を担当する中で、ここ数十年来、ことに大学授業研

究の構想を抱き続けてきた。

　その中で、どの課程の授業においても、いわゆる知識伝達型や一斉講義型の授業を、授業者と学習者（学生）による相互型の授業にしたいと願ってきた。相互型とは、いわゆる授業者と学生との「コミュニケーション」「対話による理解」「双方向の取り組み」「相互的関係」「相互でかわされる行為」などを重視した授業形態である。本研究では、筆者が「動機づけ理論」に基づいて取り組んできた、大学授業設計とその評価について報告する。

2　「考える」力の育成をめざす指導法とはどのようなものか

　筆者は、どの課程の授業においても、「演習」の中で、次の2つの課題を重視してきた。

（1）ソーシャル・スキル（社会性技能：人間関係力）の育成

　「考える」力の育成をめざすには、そのために必要な態度育成のレディネスが備わっていなければならない。そこで、このレディネスを備えるために、授業の導入期に、ソーシャル・スキルの演習を10〜15分行うのである。その後に、授業で扱うテーマについての討論を、3〜4人のグループで行う。ソーシャル・スキルの演習では、次の4項目を取り上げている。

A　基本的なスキル

1　聞く　　　　　　　　　　6　お礼を言う
2　会話を始める　　　　　　7　敬意を表す
3　会話を続ける　　　　　　8　あやまる
4　質問する　　　　　　　　9　納得させる
5　自己紹介をする　　　　 10　終わりのサインを送る

B　感情処理のスキル

1　自分の感情を知る　　　　6　愛情と好意を表現する
2　感情の表現のコントロール　7　喜びを表現する
3　他人の感情を理解する　　8　思いやりの心をもつ
4　他人の怒りに対応する　　9　落ち込みに耐える
5　他人の悲しみに対応する　10　不安に対処する

C　援助のスキル

1　相手の変化に気づく　　　6　援助の失敗に対処する
2　相手の要求を知る　　　　7　自分のできることを知る
3　相手の立場に立つ　　　　8　気軽にやってみる
4　まわりを見る　　　　　　9　相手に喜んでもらう
5　同じ気持ちになる　　　 10　自分の立場を知る

D　集団行動のスキル

1　参加する　　　　　　　　6　指示に従う
2　集団の意義を見出す　　　7　決定する
3　仕事に集中する　　　　　8　会議をする
4　誰かに知らせる　　　　　9　落ちこぼれを防ぐ
5　規範に従う　　　　　　 10　葛藤を処理する

（2）自己教育力の育成

　自己教育力の育成は、講義方式だけではなく、演習形式の授業の中でも取り入れる。演習で、重視する方策は、次の3つである。

a　知的好奇心を伸ばす

　内発的動機づけの原型は、知的好奇心である。それに加えて、環境との相互作用において有能さを追及する傾向、すなわち、向上心もまた、内発的動機づけの重要な要素である。内発的動機づけの構成要素としては、この他に、仲間の友人とのやり取りを追及する傾向も含まれる。知的好奇心を伸ばす具体的方策としては、①自己選択の自由を与える、②驚きや疑問を喚起する、などがあげられる。

b　効力感を生かす

　努力をすれば、好ましい結果が得られるという見通しと、それに伴う感情（自信）は、「効力感」と呼ばれている。効力感とは、自分が有能であるという感じ、あるいは、自己への信頼ともいえるものである。結果に対して、不確かさの伴う場面で、積極的に新しく行動を始めるためには、この効力感をもつことが重要である。効力感を高める授業では、①失敗場面での粘り強さを育てる、②困難の克服への積極的努力を行わせる、③新しい場面への積極性を育てる、などが挙げられる。

c　「自己学習システム」を応用する

　自己による学習のコントロールを「自己学習システム」といい、そこには、次の4つの過程が存在する。①学習課題に対する自己の目標設定、②学習行動の自己観察、③内的な自己評価、④自己強化

を含む表出的な自己評価反応。

これらを、導入期の学習過程に生かすことにより、自己教育力をさらに向上させようとするのである。

3 大学授業評価の方法

(1) 授業評価アンケート

　筆者が担当する授業では、多くの場合、「演習」を取り入れている。学生は「演習」を行った後、「授業評価アンケート」を、自由記述形式で仕上げる。また、「今日の授業で、考える契機となったこと」について一番印象的だった事柄を記述する。

(2)「ARCS動機づけモデル」による大学授業設計の評価

　「ARCS動機づけモデル」は、授業の動機づけに取り組むことを支援するために、ケラー（Keller, J. 1983）によって提唱された。このモデルは、Attention（注意喚起）、Relevance（関連性）、Confidence（自信）、Satisfaction（満足感）の4つの要因と、それぞれ3つの下位分類からなる。鈴木（1995）は、学生の学習意欲を育む授業設計の評価について、次のようにまとめている。

　　a　A（Attention:注意喚起）
　　　A-1：学生の目を見開かせているか（知覚的喚起）
　　　A-2：不思議さから好奇心を刺激しているか（探求心の喚起）
　　　A-3：マンネリを避けているか（変化性）
　　b　R（Relevance:関連性）

R-1：学生自身に関連が深いと思わせているか（親しみやすさ）
R-2：努力が成長を促すことを教えているか（目的指向性）
R-3：課題への取り組みが楽しい事だと教えているか（動機の一致）

c　C（Confidence: 自信）
C-1：学習目標を具体的に明確に示しているか（学習要求）
C-2：自分の努力と成果の関係を教えているか（成功の機会）
C-3：学び方の工夫を教え、自信をもたせているか（学習の個人化）

d　S（Satisfaction: 満足感）
S-1：できるようになった意義を確認させているか（自然な結果）
S-2：教師が激励や賞賛などを与えているか（肯定的な結果）
S-3：安心して努力できるような公平感を教えているか（公平感）

4　授業の具体的方法

（1）授業の日時：2007年6月第1週～第2週。
（2）学習者：大学で教育心理学を受講している2年生（ピアノ専攻）40名。
（3）学習教材：『ウラディーミル　アシュケナージ：未来への教室』NHKの番組。所要
（4）学習課題：アシュケナージ先生の指導による音楽授業のVTRを視聴。
VTRの内容：ロンドンの中学生（14歳～15歳）7名が、マルティヌー作曲「リ「リディツェへの追悼」を聴き、ドイツ軍攻撃によるリ

ディツェ村の悲劇を学を学ぶ。7名が討論をしながら、自分たちの「リディツェ村の追悼」の曲作り作りをする。その曲には、「平和」「距離」「恐怖」のテーマがある。作り上り挙げた曲を、リディツェ村の生き残りの村人達に聴いてもらう

(5) この VTR を視聴して、「中学生の音楽作りの過程」「ギルフォード（1963）の創造性の理論」について、4人グループで討論し、まとめて発表する。

(6) 発表後、本授業について、「授業評価アンケート」に自由記述で回答する。また、「ARCS 動機づけモデル」の観点から、本授業の「大学授業設計の評価」について自由記述で回答する。

5　結果

(1)「授業評価アンケート」の結果

　自由記述による意見には、つぎのようなものが見られた。すなわち、「ギルフォードの創造性の6因子（敏感性・流暢性・柔軟性・独創性・綿密性・再定義）の視点から、中学生の創作過程が捉えやすいものと、捉えにくいものがあり、この辺の理解が十分に出来なかった」「中学生の創造性の発達段階では、社会的にも、情緒的にも、私達大学生と比べると、冒険的でのびのびしていると感じた」「創造性の評価について、授業での説明が不足していた」「日本の中学生とイギリスの中学生の学習意識の違いが、どこから出てくるかについて、更に学びたいと思う」「中学生達がグループで音楽作りをするとき、教師は、どのような点に配慮すべきなのかが疑問として残った」「創造性について、音楽だけではなく、美術の分野についても関心が

広がった」「自分の生き方を考えた」「同じ世界にいるだけではなく、外の世界にも行って、自分を大きく伸ばしてみたい」などの意見が書かれていた。これらから、学生達は、創造性のとらえ方や表現方法についても、主体的に考えようとしており、「考える」学習行動に一定の成果が見られた。

また、「今日の授業で、考える契機となったことについて」の記述では、「チェコ共和国の歴史が語られた部分」「ベルリンの壁の崩壊の出来事」「モルダウ河のほとりの芸術家の家の存在」「平和・距離・恐怖の3つのテーマについての音楽表現」「リディツェ村の生き残りの人々は、中学生の作った曲を聴いてどんな思いだったか」などの意見の中に、視聴覚教材の果たす役割の大きさが示されていた。また、ウラディーミル・アシュケナージ先生が語った体験的に重みのある言葉からも、「自分の生き方を考える」契機を与えられたことが記述されていた。

（2）「ARCS動機づけモデル」に基づく「大学授業設計の評価」について

「ARCS動機づけモデル」の評価シートに自由記述された内容は次のようなものである。

a　注意喚起（Attention）

A-1（知覚的喚起）：「アシュケナージ先生によるイギリスの中学生を対象とした授業」の映像資料を用いたために、それだけで最初から強い知覚的喚起を示す記述が多かった。ここでは、学生達の興味をとらえるための新しいアプローチ（イギリスの中学生の音楽的創造性のプロセスから学ぶこと）や、個人的または感情的要素の注

入により、好奇心と驚嘆を示すものがみられた。

　A-2（探求心の喚起）：最初に「中学生達が戦争の悲惨さを実感できない」と述べていた部分に、「なぜだろう」「どうしてそう感じるのだろう」と疑問を感じる意見が多く見られた。それは、これまでに自分たちが習ったことや思っていたことと矛盾する部分が多かったことに起因しているように思われた。そして、「その辺をとことん考えてみたい」と書いた回答も多かった。「自分と違ったとらえ方をしている仲間の意見を聞いてみたい」と書いたものもあった。

　ここでは、どのような探求心を刺激することができるかが問題にされ、学生同士で意見を出し合い、質問をしあい、矛盾をつきとめ、探求心を湧かせ、課題を考え合うことにより、好奇心が強められたと考えられた。

　A-3（変化性）：「創造性の教育に関して、マンネリの追求の仕方ではなく、中学生が戦争についてのイメージをもとに曲作りをする」という取り組みを、変化に富んだものと受け止めている意見が多かった。

　ここでは、どのように学生達の注意を維持することができるかという課題が扱われていた。具体的に類推できるもの、興味をひく事柄、予測しない事象により、興味の維持が図られているように思われる。

b　関連性（Relevance）

　R-1（親しみやすさ）：「自分に関心のある得意な分野に当てはめて考えてみた」「中学生達の戦争に関する意見を自分なりの言葉で言い換えてみた」「今までに勉強したこととのつながりについて考えた」「だれでも意見を述べ易いテーマだった」「どんな人にも関心がもて

る課題だと思う」などの意見がみられた。

　ここでは、学生のニーズにどのようにうまく応えることができるかの課題が扱われていたが、具体的なインストラクション（教示）が役立ったという記述や、それらの事例が示されていた。

　R-2（目的指向性）：「与えられた課題を受け身にこなすのではなく、自分のものとして積極的に捉えていたと思う」「自分が努力することで、自分にどんな効果がもたらされるのかと考えた」「創造性の教育は、自分にとっても一生、大事な課題だと考えた」「この課題はやりがいのあるものだから、かなり本気で取り組んだ」などの意見がみられた。

　ここでは、学習者の学習スタイルや個人的興味の方向性が関連しているように思われた。

　R-3（動機との一致）：「自分の得意なやり易い方法で考えてみた」「自分のペースで、楽しみながら取り組んだ」「この課題に取り組むために、どうしたら楽しめるかを考えた」などの意見がみられた。

　ここでは、どのようにして、いつ、学習者の個人的興味を結びつけることができるかについての課題が扱われていた。個人ごとの達成機会や、協力的活動、リーダーシップや責任、そして、積極的な役割モデルを提供する場面が多く見られた。

c　自信（Confidence）

　C-1（学習要求）：「取り組む努力をする前に、まず、どこへ向かってすればいいのかを意識して、音楽作品作りの過程を見つめようとした」「何が出来たら目標達成なのだろうかと気になった」などの意見がみられた。

　ここでは、成功に関する肯定的な期待をもてるように支援するた

めの課題が扱われていた。成功とみなすための要求事項と評価基準を理解することによって、肯定的な期待感と信頼感を得ていることが伺えた。

C-2（成功の機会）：「他人との比較ではなく、過去からの自分との比較を考えながら、中学生の取り組みに注目しようとした」「ある程度、自信がついてきたので、自分の主体性を大事にしながら取り組もうとした」「自分の意見が採用されなくても、仲間が適切なフォローをしてくれた」などの意見がみられた。

ここでは、学習経験が彼らの能力や信念を支援することができるという課題が扱われていた。多くの多様な挑戦的経験を実感することによって、自分の能力への信頼を高めているように思われた。

C-3（学習の個人化）：「取り組み方を自分で決めて、自分が努力したから、うまくまとめられたと感じた」「あまり上手く出来そうにないと感じた時も、自分の無力感を避けて、やり方を工夫しようとした」「自分の人生の主人公は、自分なのだから、何事も投げ出さないで取り組むようにしたい」などの意見がみられた。

こでは、成功が自分の努力と能力に明確に関連していることを知り、可能であればいつでも、そのための個人的な制御の方法を学び、成功を個人の努力に帰属するという課題が扱われていた。

d　満足感（Satisfaction）

S-1（自然な結果）：「努力の結果を自分の立てた目標に基づいて振り返るようにした」「この課題について取り組んだことは、無駄にはならなかったと満足した」「この課題について考えたことを、他の課題にも生かせそうだと考えると満足だ」などの意見があった。

ここでは、どうしたら、学習体験に関する学生の内発的な楽しみ

を奨励し、支持できるかが扱われていた。個人的な努力と達成に対する肯定的な気持ちを強化するようなフィードバックの側面が扱われていた。

　S-2（肯定的な結果）：「課題をやり遂げた自分がうれしい」「友達とついて語り合ったことで、互いに認め合うことができたのも満足だ」などの意見があった。

　ここでは、何か価値のある結果を学生の成功に対して提供できるかの問題が扱われていた。そして、学生自身に、成功の報酬としての評価の言葉をかけることの重要性が示唆されていた。

　S-3（公平さ）：「課題に取り組むときは、自分自身をまず大事にして取り組んでいた」「課題を成し遂げたことを当たり前と考えず、できた自分に誇りを感じた」「上手く課題ができたことを、素直に喜べた」「安心して努力することができ、えこひいきなどが全くないのが良かった」「一人一人の意見を無駄にすることなく授業に生かしていた」「どんな考えも頭から否定されないで、公平に受け入れてもらえた」などの意見があった。

　ここでは、公平な処遇が行われていることを示すことが重要であると考えられる。そして、学生の要求を期待感と一致させて、すべての学生に達成感を経験させることの重要性が示唆されていた。

6　まとめと今後の課題

　大学授業において、学生の学習への動機づけを高めるためには、学習教材の工夫と共に、学生の自律的学習行動を促進する必要がある。そのために、本授業研究では、『ウラディーミル　アシュケナー

ジ：未来への教室』（NHK の番組）を視聴してから、ギルフォードの創造性思考の理論と中学生の発達段階の面に視点を当てて、4 人グループで討論し、レポートをまとめ、発表するという方法をとった。

学習上の成果をみるために、「授業評価のアンケート」（自由記述）を行った結果、「考える」力の育成をめざす学習行動の取り組みに、ある一定の成果がみられた。さらに、授業の動機づけへの取り組みの成果を明らかにするために、「大学授業設計の評価」として、ジョン・ケラーの「ARCS 動機づけモデル」の記述内容を分析したところ、4 つの要因の全てにおいて、相当の動機づけにつながっていることが分かった。

今後は、教育実践の研究と相互研修（FD）を含んだ一連の過程を通して、大学授業のあり方や、教員の相互研修（FD）の実践的研究を行っていくことが望まれる。そのためには、研究デザインの方法やテーマに合ったアプローチの仕方、データ収集の仕方など、実証的な研究の方法論を明らかにし、実践事例から一般理論へとつなげていくためには何が必要かを明らかにすることが必要である。将来的には、大学授業の実践的研究から、大学教育学における人間形成論の構築も重要な課題になると考えている。

大学教育学における人間形成論の構築において、特に考慮すべき課題は、「青年期におけるアイデンティティ理論と心情モデル」に関するものである。青年期の行動には、二面性があると考えられている。一つは、青年が自由を実感しながらも、その人間的エネルギーを思う存分に発揮することができない状況におかれていることである。もう一つは、青年が「何者かの価値観」を直感的には知覚しながらも、まだそれをはっきりと認識できないでいるために、無目標状態に陥っているということである。

青年期における同一化は、さまざまな対象に対し、いろいろな折に出現するものである。青年は、自分自身にことのほか反省的な意識を向けるようになる。自分自身に鋭い眼が向けられてみると、そこには、いろいろな対象や人から取り入れてきた多様な特性があり、いったいどれが自分なのか分からないという気持ちにもなる。こうして青年は、それまでに同一化を通して身に付けてきたものを、もう一度吟味し、それらを整理・統合して、これが自分だといえるものを創り出していく必要に迫られる。

　青年期とは、このようなアイデンティティの確立に向けて、さまざまな試行錯誤が行われる時期なのであり、したがって、青年期にみられる感性は、アイデンティティをめぐっての心理的特徴にかかわるものとして理解する必要がある。青年は、大学生の期間中に、理想的な人物像、イデオロギー、美的価値観、美的感受性を追求し、自己を同一化し、それを実験的に遂行することによって、最終的な大人としての同一性を獲得していくことになる。

　他方、現代という時代状況の中で、青年が自己を確立し、アイデンティティを獲得しようとするとき、「生きがい感」「キャリア観」の問題が大きく浮かび上がってくる。これらは、青年期の自我の問題、さらには自我の存在証明、自尊感情にもかかわる重大な問題となってくるのである。青年期の「心情モデル」には、充実感・自信・連帯感・希望や目標・空虚感・退屈感・焦燥感・無力感・自己嫌悪感・孤独感・妥協的諦念・自立・甘えなどが含まれている。このような心情モデルを体感している青年たちが、新鮮な感受性とエネルギーを湧き起こすにはどうしたらよいかについての課題も、今後研究されるべきであると考える。

　そのための第1の条件は、大学の授業の中で、青年に各人の自由

な自己表現の場が与えられることであろう。その中では、与えられた活動だけでははく、自らやりたいと思う活動を取り上げることが重要である。第2の条件は、それらの各人の表現活動が各人に満足感を与え、さらに発展へと導くメカニズムが存在することであろう。青年が生きがい感・充足感を求めて、表現活動や創造的活動を行う場合、各人の満足感は、その活動が正しい評価を受けることによって満たされる。青年は、そうした評価を媒体として、刺激を与え合い、進歩の機動因とすることが可能となる。しかし、青年の生きがい感・充足感・キャリア観などは、年々多様化してきているので、評価も細分化・多様化するわけであり、ひとつの規準で計ることは不可能であろう。

　本研究においても、青年後期にある学生達は、自己の存在を確認し、証明しようという欲求が高まると、授業活動に積極的に、しかも生き生きと対処できる自分を深く感じていることが、多くの場面で見られた。このような自己発見のもとに、人間性の回復が全面的に実現され、人間の感性が健全に発揮されるように、今後も、大学教育における人間形成論をさらに発展させていきたいと考えている。

引用文献・参考文献

Draves, T.J. (2008). Music achievement, self-esteem, and aptitude in a college song-writing class. Bulletin of the Council for Research in Music Education, fall No.178.

Duling E. (2007). Inservice teachers' descriptions and perceptions of their mentors. Bulletin of the Council for Research in Music Education, fall No.176.

Guilford, J. P. (1967) The nature of human intelligence. New York: McGraw Hill.

Hourigan R. M.（2009）. Preservice music teachers' perception of fieldwork experiences in special needs classroom. Journal of Research in Music Education, vol.57-2.

Miksza P.（2009）. Relationships among impulsivity, achievement goal motivation, and the music practice of high school wind players. Bulletin of the Council for Research in Music Education, spring No.180.

Power A.（2008）. What motivates and engages boys in music education? Bulletin of the Council for Research in Music Education, winter No. 175.

Schmidt C.（2007）. Intrinsic-mastery motivation in instrumental music: extension of a higher order construct. Bulletin of the Council for Research in Music Education, summer No.173.

大阪大学大学院編（2005）『学びに成功するよい授業とは何か』大阪：大阪大学出版会.

川瀬良美（1998）『児童の内発的達成動機づけについての心理学的考察』東京：風間書房.

京都大学高等教育教授システム開発センター編（2002）『大学授業研究の構想―過去から未来へ』東京：東信社.

ケラー, J. M.（2010）（鈴木克明監訳）『学習意欲をデザインする―ARCSモデルによるインストラクショナルデザイン』京都：北大路書房.

桜井茂男（1990）『内発的動機づけのメカニズム』東京：風間書房.

柴田好章（2002）『授業分析における量的手法と質的手法の統合に関する研究』東京：風間書房.

杉江修治（1993）「学習課題明示方式による授業改善の試み」『大学と教育』8号 4-14.

杉江修治（1999）『バズ学習の研究』東京：風間書房.

杉江修治（1999）「学生主体の双方向授業づくり」『中京大学教養論叢』40巻3号 189-198.

杉江修治・関田一彦・安永悟・三宅なほみ編著（2009）『大学授業を

活性化する方法』東京：玉川大学出版部.
鈴木克明（1995）『放送利用からの授業デザイン入門』東京：日本放送出版協会.
東北大学高等教育開発推進センター編（2008）『大学における学びの転換とは何か』仙台：東北大学出版会.
東北大学高等教育開発推進センター編（2010）『大学における学びの転換と学士課程教育の将来』仙台：東北大学出版会.
中山勘次郎（1995）『児童の動機づけ志向性と社会的場面における達成行動』東京：風間書房.
丹羽洋子（1993）『教室における情緒的―認知的動機づけ』東京：風間書房.
速水敏彦（1990）『教室場面における達成動機づけの原因帰属理論』東京：風間書房.
林義樹（1994）『学生参画授業論』東京：学文社.
谷島弘仁（1999）『動機づけの学校心理学』東京：風間書房.

第4章
大学課外活動とキャリア発達の基礎研究

1　問題と目的

　現代青年の対人関係が希薄化していることは、近年ことに指摘されるところである。現代社会で適応的な人間関係を築き、維持していくためには、そのための意図的な努力が必要である。青年期後期にあたる大学生は、間もなく社会に出ていく発達時期にある。価値観や生活スタイルが多様化する現代社会においては、協調性や適切な自己表現などの高度な社会性を身に付けることが要求されている。
　このような中で、大学生一人一人が「生きる力」を身に付け、明確な目的意識をもって大学生活に取り組みながら、主体的に自己の進路を選択し決定できる能力を高め、自立していくことができるように、キャリア発達を促すことが必要になる。
　キャリア発達とは、中央教育審議会「今後の学校におけるキャリア教育・職業教育の在り方について（答申）」（平成23年1月31日）によれば、「社会の中で自分の役割を果たしながら、自分らしい生き方を実現していく過程」をいう。また、キャリア教育の目標は、学

生が①社会や職業生活への移行期にあたり、自らの将来・人生をおおまかにでもしっかり設計できること（キャリア設計能力）、②職業生活の中で、自分が何を実現しようとするのか（キャリア・職業観）、③自分はどの道を進むのか（キャリア・職業の選択）、④そのためには何をすべきなのか（職業・専門能力）、などを明確にすることである。

　文部科学省の「大学における学生生活の充実方策について（報告）―学生の立場に立った大学づくりを目指して―（平成12年6月）によれば、「最近、サークル活動など学生の自主的な活動は下火になる傾向が指摘されている。その要因としては、最近の学生の傾向として指摘される他者とのつながりの希薄化などが考えられるが、自主的な活動が在学中の成果として必ずしも評価されないため、学生に対するインセンティヴが働きにくいとの声もある。各大学においては、学生の自主的活動を『人間的成長を促すための活動』として捉え、積極的に支援していくことが望まれる」としている。

　また、社団法人国立大学協会　教育・学生委員会編「大学におけるキャリア教育のあり方―キャリア教育科目を中心に―（平成17年12月1日）」によれば、学生の問題点は、学生が二極分化する中で、キャリア発達が不十分な学生は、①自尊自立・自己駆動力が弱い、②夢や目標に挑戦する力が弱い、③目的・目標が欠如し学ぶ力が弱い、④職業観が脆弱である、⑤論理的思考能力・コミュニケーション能力が弱い、などであるとしている。さらに、大学におけるキャリア教育を推進するために、整備したい3要素として、①大学の考え方や文化・風土、②学生と教職員の意識や能力、③大学の制度や仕組み、を挙げ、大学の制度や仕組みの中では、課外活動の支援体制を挙げている。

キャリア形成やキャリア発達に関わる大学の取り組みは、①学生のキャリア・職業観の形成や将来設計能力育成を意図した、計画的、集団的な教育課程上のキャリア教育の取り組み、②個々の学生の進路・職業選択に関するキャリア支援・学生指導の活動、③学生のキャリア発達・形成に資する、彼らによる自発的学習活動や課外活動等に対する支援などである。

以上を踏まえて、本研究の目的は、音楽教育と人間形成について、とりわけ、大学課外活動を通して構築されるキャリア発達について検討することである。

2　研究方法

ミュージックセラピー研究部の沿革と活動および調査対象者

　ミュージックセラピー研究部は、1984年（平成59年）に「音楽療法を研究する有志の会」として発足した。1995年（平成7年）に「ミュージックボランティア部」となり、その後、2001年（平成13年）に、今日の「ミュージックセラピー研究部」となった。部員数は、年度により多少異なるが、約30人～40人である。本研究では、「ミュージックセラピー研究部」の部員で、学部3年生と4年生を調査対象者とした。

　なお、ミュージックセラピー研究部の活動施設は、いずれも東京都内にある、福祉園・療育センター・特別支援学校・特別支援学級・区立福祉会館・高齢者在宅サービスセンター・心身障害児医療センター・心身障害児通所訓練センター・特別養護老人ホームなど10箇所である。1回の活動時間は、約1時間である。年間活動回数

は、約 150 回である。

調査時期
　2001 年（平成 13 年）4 月から、2011 年（平成 23 年）3 月まで。

調査内容
　調査は、次の 2 種類により、行われた。
　A　「ミュージックセラピー研究部の活動記録ノート」10 冊と、部の機関誌「たんぽぽ」10 冊
　B　「ミュージックセラピー研究部の活動から学んだこと」についての自由記述

実施方法と倫理的配慮
　調査 A の「ミュージックセラピー研究部の活動記録ノート」には、記入者の名前が書かれてあったが、記名者名はすべて省くことにした。
　調査 B の「ミュージックセラピー研究部の活動から学んだこと」についての自由記述（4 年生最後の会合で記述）には記名があったが、調査では記名は記録しなかった。

3　結果と考察

調査 A　「ミュージックセラピー研究部の活動記録ノート」と機関誌「たんぽぽ」についての、結果と考察
　ミュージックセラピー研究部の部員は、活動終了後、「活動記録ノ

ート」に自分達の行った音楽活動の内容と感想を記述していた。また、部の機関誌の「たんぽぽ」(年1冊刊行)にも、それらを要約した内容を掲載していた。ここでは、この2種類の記録から、いくつかの側面に注目してまとめた。

(1) 音楽活動時の利用者さんの感情について
　土屋 (2003) は、「痴呆高齢者における音楽活動時の主観的QOL―感情を指標として―」のなかで、ARS (QOLを改変) の評価項目として、次の6項目をあげている。
a　楽しみ：①ほほえむ　②笑う　③親しみのある様子で触れる　④うなづく　⑤歌う　⑥腕を開いた身振り　⑦手や腕を伸ばす
b　関心：①眼で物を追う　②人や物をじっと見たり追う　③表情や動作での反応がある　④アイコンタクトがある　⑤音楽に身体の動きや言葉での反応がある　⑥人やものに対して身体を向けたり動かす
c　満足：①くつろいだ姿勢で座ったり横になったりしている　②緊張のない表情
d　怒り：①歯をくいしばる　②しかめ面　③叫ぶ　④悪態をつく　⑤しかる　⑥押しのける　⑦こぶしを振る　⑧口をとがらす　⑨眼を細める。⑩眉をひそめるなどの怒りを示す身振り
e　不安・恐れ：①額にしわをよせる　②落ち着きなくソワソワする　③同じ動作を繰り返す　④恐れやイライラした表情　⑤ため息　⑥他から孤立している　⑦震え　⑧緊張した表情　⑨頻回に叫ぶ　⑩手を握り締める　⑪足をゆする
f　抑うつ・悲哀：①声をあげて泣く　②涙を流す　③嘆く　④うなだれる。⑤無表情　⑥眼をふく

ミュージックセラピー研究部の音楽活動時、部員が利用者さんの感情への気づきについて、「活動記録ノート」「たんぽぽ」の各 10 冊に記述している回数は、多いとはいえない。しかし、それらの記述の出現回数は、次のようになった。

a　楽しみ（ほほえむ 45 回　笑う 41 回　うなづく 62 回　歌う 88 回）
b　関心（眼で物を追う 11 回　人や物をじっと見る 74 回）
c　満足（くつろいだ様子 37 回　動作が穏やか 20 回）
d　怒り　記述は無かった
e　不安（額にしわをよせる 3 回　そわそわする 2 回）
f　悲哀（涙をながす 4 回　うなだれる 3 回　眼を押さえる 5 回）

　これらの ARS の評価項目は、利用者さんの感情の実際の回数を表すものではなく、あくまでも、部員が音楽活動で気付いた回数である。これらを見ると、快感情である「楽しみ」「関心」「満足」に気付くことが多いが、不快感情である「不安」「悲哀」に気付くことは少なく、「怒り」は皆無であった。このことは、部員たちは利用者さんの全体を見渡しながら音楽活動をしていても、快感情にはある程度気付くことはあっても、不快感情には、気付きにくい傾向があるといえる。ちなみに、筆者は、年に 2〜3 回の割合で、活動に同行し、観察もしているが、不快感情は、少なからず表現されていた。

（２）音楽活動時の部員の自己認知と他者認知について
　ブルーシア（1999）は、「即興音楽療法理論」で、セラピストの役割について、次の様に述べている。

まず第1の役割は、すべての子どもに尊敬と敬意の念をもってアプローチすること、第2の役割は、治療過程を通して発展するさまざま種類の関係を、身をもって経験すること、そして第3の役割は、クライエントを治療に引き込み、育成し、サポートし、助けとなる音楽を創造してそれを使用することである。この第3の役割の中には、次の8つのことが含まれる。すなわち、
①音楽のどのような特質がクライエントを刺激するのかを発見すること。
②子どもの音楽的な実験を励まし、サポートするような、音楽的・情緒的環境を創ること。
③受容を与え、信頼感と安心感をかもしだすような音楽を即興すること。
④子どもに自己意識と自由な表現力、相互反応性の経験を与えるような音楽を即興すること。
⑤子どもが音楽的自己表現をするのを援助すること
⑥セラピストとクライエントの関係を促進し、強めるような音楽的場面と活動を創ること。
⑦深い関与と熱意をもって音楽的経験に加わり、それを分かち合うこと。
⑧自己表現の音楽的なモデルとなること。
　ミュージックセラピー研究部の部員の役割は、上記のような音楽療法場面での役割とは異なるが、セラピストのもつ役割の本質的な部分は、ほとんど同一であるといえる。
　現代青年（大学生）の友人関係は、全般的に表面的だとされている。表面的とは、お互いの心の深みに立ち入らないことを指してい

る。部員が音楽活動をする部活において、部内の友人関係が表面的になっているかどうかを明らかにするために、記述の内容をカテゴリー別に分類して精査した。その結果を記述から引用すると、次のようになる。

a　関係の変化
　＊前提条件：　「あまりしゃべらない人とは、まず仲良くなれないし、信頼という関係がまず大事だという気がする。」
　＊関係の深まり：「最初はけっこう、こっちが一方的に聞いていたけれど、そうやって、相互的な関係が成立していったという感じです」
　＊関係の維持：「なんとなく皆とうまくやってきた。よかった。よかった。これからもこの関係が進んでいけばいいですね」
b　現在の関係
　＊その関係の特殊性：「何となく部室にいても、なにも話さないこともあります。絶対的に信頼関係があれば、それでいいのではないか」
　＊安心できる：「一緒に同じ施設に何度も通っていると、自然に友人関係が安心できるものになってくる」
　＊相手への理解「音楽活動の中で、役割分担をしていると、自分のことをどこまで理解してくれているかがわかるようになってきた」
　＊ありのままの自分でいい「みんなで部室にいると、うわべなどを気にしないで、ありのままの自分でいられるようになる。このような場所は、大学の中には、他に無いのではないか」

音楽活動の中では、利用者さん達と個人的に関わり合うことがすくないので、利用者さん達との自己認知・他者認知の表現は、余り見られなかった。その反面、部室における自己認知・他者認知の側面として、人間関係への関心が高まったと考えられる。

(3) ソーシャルスキルの自己認知

青年期後期（大学生）は、社会との接続の時期である。また、自らを問い直す時期でもある。エリクソン（Erikson, 1959　小此木編訳1973）は、このようなプロセスを経て感じられる自己一致の感覚をアイデンティティとし、青年期後期の発達課題として、アイデンティティ形成を位置づけた。

アイデンティティと他者、他者との関係性は不可分であり、アイデンティティは多次元的な感覚である。したがって、アイデンティティを研究するにあたっては、自らの対象とする他者、その他者との関係性などを明確にする必要がある。

ソーシャルスキルにおける自己認知に関して、ブルーマー（Blumer, 1969 後藤訳）を参考にして、①意図伝達への自信（以下　意図伝達）を「自らの意図を他者に対して伝達することができるという自信」、②「意図理解への自信（以下意図理解）を「他者の行為や言及の意味を読み取り、感じ取ることができるという自信」そして、③「意図抑制への自信（以下　意図抑制）」を「周囲に求められる態度、行為がとれるという自信」と操作的に定義した。そして、これらの定義に基づいて、「活動記録ノート」と「たんぽぽ」の記述について、ソーシャルスキルのパターンによる分類を行った。

その結果、①「意図伝達」には、「伝えたいことをうまく言葉にすることができない」「自分が感じていることをうまく表現できない」

「自分の言いたいことを相手に伝えることができない」「自分の意思が相手に伝わらないことが多い」などの記述が見られた。②「意図理解」には、「他人の考えていることを感じることができない」「相手の視点で物事をみることができない」などの記述が見られた。③「意図抑制」には、「状況にあわせて感情を出すことができる」「状況に合わせて自分の態度を変えることができる」「相手を傷つけないように、自分の意見を言うことができる」などの記述が見られた。これらのことから、記述数が少ないので明確な解釈はむつかしいが、「意図抑制」の記述に肯定的な内容ま多かったことは、音楽活動に対する部員の期待感が表されているとも推定される。

調査B 「ミュージックセラピー研究部の活動から学んだこと」についての結果と考察

　学生のキャリア発達を考えた場合、学生自身の自発的・主体的活動が大きな役割を果たす。さらに、自身が所属する課外活動から何を学ぶことができるかも、大きな問題である。
　クランドール（Crandall, 1981）は、「学生たちがお互いに、そして、世界と共に持っている共感的で情緒的な絆」を「共同体感覚」と定義した。野田（1998）は、共同体感覚は、「私はクラブ活動の部員の一員だという所属感」「部は、私のために役だってくれるという感覚による信頼感」「私は部のために役立つことができるという貢献感」という3側面で構成されていると述べている。
　ミュージックセラピー研究部では、学部4年生が卒業間近になる3月に最後の会合を開くことになっている。この会合では、4年生たちが「部活動から学んだこと」について文章を書き、それをもとにス

ピーチをする。調査Bでは、これらの文章記録をもとにして、まとめと考察を行った。

　文章記録のまとめにあたっては、クランドール（Crandall, 前出）と野田（前出）による「共同体感覚の3側面」を参照して分類すると、次のようになった。

a　所属感・信頼感
　＊自分から進んで部活動の輪の中に入ることができる。
　＊自分から進んで、人と信頼関係をつくることができる。
　＊積極的に周りの人と関わりをもつようになった。
　＊全体的にグループのひとを信頼している。
　＊部活動に主体的にかかわっている。
　＊部活動に積極的に参加している。
b　自己受容
　＊自分自身に納得している。
　＊自分で自分自身を認めることができている。
　＊欠点も含めて自分のことが好きだ。
　＊今の自分に満足している。
　＊自分には、何かしら誇れるものがある。
c　貢献感
　＊進んで人のために役立つことをしている。
　＊人のために役立つことを積極的にしている。
　＊困っている人に積極的に手をかしている。
　＊他人のために自ら進んで力を尽くしている。
　＊周囲の人のために自主的に行動している。
　＊誰に対しても思いやりをもって行動している。

＊自分が部に所属している一員であると自覚している。

　自分が属する所属集団で感じる所属感・貢献感などに関して、ランディン（Lundin, 1989　前田訳　1998）は、「社会適応の規準となるものである」と述べている。また、マナスターとコルシニ（Manaster & Corsini, 1982　高尾・前田訳　1995）は、「所属感や貢献感を持つ者は、精神的に健康である」と述べている。これらのことから、ミュージックセラピー研究部の活動に参加している部員達は、音楽活動を通して、社会適応や精神的健康を促進していることが予想される。

4　総合考察

　音楽は普遍的な言語であり、認知能力にかかわらず、会話や活力を呼び起こすといわれている。本研究の調査から、ミュージックセラピー研究部の活動は、対象者の身体機能および適応能力と感情の質に、必ずしも大きな効果を及ぼすわけではないが、対象者の感情の質を維持し、向上させる可能性があることを示唆している。音楽活動によって、対象者は情緒改善が促され、楽しみや関心の感情を持つことができると考えられる。

　社団法人国立大学協会　教育・学生委員会の作成した、『大学におけるキャリア教育のあり方』によれば、学生のキャリア能力の形成について、次の3側面での向上が期待されている。

A　「できることは何か」：キャリア能力
　　①過去の経験を整理する

②専攻・専門性を整理する
　③能力が発揮できた実績を見る
　④能力・行動を確認する
　⑤情報収集能力・人間関係力
B　「したいことは何か」：心のうずき・夢・願い
　①「心のうずき・声」を聴く
　②夢や願いを鮮明にする
　③将来設計・人生設計をする
C　「すべきことは何か」：社会の課題認識・使命感・社会や周りの期待
　①解決すべき社会の課題を考える
　②課題と自分との関係を考える
　③働くこと・職業観を確認する
　④生きた社会を知る

　ミュージックセラピー研究部の部員たちは、都内にある各種施設の訪問に当たっては、訪問前に施設長の方々と連絡をとり、訪問する日時の確認・当日の利用者さんの人数・場所・使用楽器などについて確認をする。その後、音楽活動のプログラムを立てる。ここでは、部の先輩たちの行ってきた活動記録による経験を調べ、音楽活動に参加する部員の専攻・専門性が生かされる。そこでは、度重なる話し合いの中で、部員としての「したいことは何か」「すべきことは何か」が納得のいくまで討論され、修正が加えられる。これらの作業の中で、ミュージックセラピー研究部の課題認識や使命感が明らかにされ、強化されていくと考えられる。

5　今後の課題

　ミュージックセラピー研究部の名称には「セラピー」の語が付けられているが、これは、ミュージックセラピー（音楽療法）を学び・研究したいという強い願いに所以するものである。10箇所の施設を訪問して行われるのは、『音楽活動』の範疇に入るものである。
　しかし、部員の討論会では、対象者（利用者さんと呼ばれている方々）の、活動中の「音楽的な反応」を少しでも理解したいという願いが討論される。そこで、現状では、音楽活動におけるアセスメントと評価に関連して、次に掲げる3つの音楽的反応に関する理解を深め、次の音楽活動のプログラムを設計する手がかりにしたいと考えている。

(1) 音楽聴取反応
　　＊さまざまな音楽的要素に対する反射的な反応や自動的な反応
　　＊注意力や知覚的弁別能力
　　＊音楽的要素・感情に対する好みや情緒的反応
　　＊特定の曲・演奏者・楽器・スタイルなどで引き起こされた連想
　　＊音楽によって刺激されたイメージ
(2) 楽器による反応
　　＊楽器を抱える時の姿勢
　　＊楽器を鳴らすための身体を動かす方向・形・力
　　＊楽器を操る方法の多様さ
　　＊楽器を用いる目的の多様さ
　　＊楽器演奏の聴覚・視覚・触覚的な側面を統合する度合い

＊楽器が生ずる音に対する意識と弁別
　　　＊楽器の音や音楽的なパターンの繰り返しと模倣の能力
　　　＊リズムやメロディを作るために音を組織する能力
　　　＊楽器演奏が領域的である度合い
(3) 声による反応
　　　＊声による配置（placement）や出し方（projection）や、声の質
　　　＊ピッチやイントネーションのコントロール
　　　＊音色に対する意識と弁別
　　　＊メロディや歌詞の記憶
　　　＊歌の好み

　また、音楽教育と人間形成の向上を目指すためには、次のような「キャリア・レディネス」の視点も考慮していく必要があろう。すなわち、①関心性（志向性・探索性・一体性）、②自立性（主体性・責任性・向上性）、③計画性（展望性・目標性・現実性）の３つの視点への関心と理解を高めていくことも、今後に期待される課題である。
　近年、課外活動などの自主的な活動に対して、学生の人間形成を促すためのものとして、積極的に評価し、優れたものには表彰や報奨を与えるなどの取り組みが行われるようになった事は、望ましい方向性に向かっているといえよう。
　ミュージックセラピー研究部の部員の中には、大学卒業後、音楽科教師になるものが少なくない。彼らにとっては、「人間教育をめざした音楽科の教師力」を高めるためにも、部員としての数多くの豊富な経験が、十分に役立つことが期待されるところである。

引用文献・参考文献

Crandall,J.E.（1981）Thory and measurement of social interest: Empirical Tests of Alfred Adler's concept. New York:Columbia University Press.

Bruscia, K.E.（1999）『即興音楽療法の諸理論　上』林庸二（訳）人間と歴史社.

Erikson, E.H.（1959）Identity and the life cycle. New York:International Universities Press.（エリクソン、E.H.　小此木啓吾　編訳　1973『自我同一性』誠信書房）.

Hargreaves D. J. & North A.C　1997 The Social Psychology of Music. Oxford University Press.

平田千秋（2008）「人間教育をめざした音楽科の教師力」『音楽教育実践ジャーナル』5巻2号　127-133.

Jorgensen, E.（1996）The artists and the pedagogy of hope. International Journal of Music Education, Number 27, 36-50.

小池順子（2010）「アイデンティティと音楽教育」『音楽教育学』第40巻第2号　75-80.

Lundin,R.W.（1989）Alfred Adler's basic concepts and implications. Muncie, IN: Accelerated Development.（ランディン、R.W.　前田憲一訳）（1998）『アドラー心理学入門』一光社.

Manaster,G.J., & Corsini, R.J.（1982）Indivisual psychology：Thory and Practice. Denver,CO:F.E.Peacock Publishers.（マナスター,G.J.,・コルシニ、R.J. 高尾利数・前田憲一訳）（1995）『現代アドラー心理学』春秋社.

Mursell, J.L.　Human Values in Music Education.（美田節子訳）（1967）『音楽教育と人間形成』音楽之友社.

日本音楽教育学会編（2006）『学校生活を支える音楽の課外活動』日本音楽教育学会　1-74.

野田俊作（1998）『アドラー心理学　トーキングセミナー』アニマ社.

小川博久（2008）「音楽表現の始源とは何か」『音楽教育実践ジャー

ナル』6 巻 2 号 7-15.

社団法人国立大学協会　教育・学生委員会編（2005）『大学におけるキャリア教育のあり方―キャリア教育科目を中心に』社団法人国立大学協会.

Sloboda J.A. & Juslin P.N.（2004） Music and Emotion. Oxford University Press.

鈴木香代子（2010）「学校と演奏家の連携による音楽教育の可能性―アウトリーチ活動の可能性―」『学校音楽実践ジャーナル』7 巻 2 号　88-100.

土屋景子（2003）「痴呆高齢者における音楽活動時の主観的 QOL ―感情を指標にして―」『日本音楽療法学会誌』3 巻 2 号　157-165.

第Ⅱ部
人 間 形 成
―生徒指導と学生相談の基礎研究―

第5章
生徒指導と学生相談における行動論的学習理論

1　はじめに

　生徒指導や学生相談において、クライエントに対して行われるカウンセリングや心理療法の効果を高める重要な要件は、まず第一にカウンセラーとクライエントの間の人間関係であろう。カウンセリングがうまく行われているところでは、この当たり前のことが実にうまく受け入れられているのである。カウンセリングや心理療法を理論づけようとする努力は、カウンセラーとクライエントの間に行われる相互作用が、どのような場面で、どのような行動の変化を起こしたかについて集中的に記述することであるといっても差しつかえあるまい。
　生徒指導や学生相談におけるカウンセリングや心理療法の長い歴史をふりかえってみると、理論的に種々雑多なものがみられる。たとえば、クライエントの行動を示すのに用いられる基本的な概念の中でも、クライエントの生活史の扱い方、クライエントに行われる治療の特性などが、治療学派によって一致していない場合もある。

しかし、近年は、カウンセラーとクライエントの間の治療的人間関係については、理論的な見解と操作的見解が接近してきているといえよう。

心理療法に関する Snydgr（1961）の折衷的方法は、カウンセラーとクライエントの対人的コミュニケーションを最も強調したものである。Snyder によれば、治療的人間関係は、二人以上の人間がお互いに示す感情的態度のさまざまな交互作用である、ということである。Snyder に近い考え方には、Grinker（1961）の心理療法の治療上のモデルで、これも対人関係を強調したものである。また、Jackson（1971）の相互作用アプローチ、Libo（1957、1959）の治療者-患者の魅力に中心をおいたもの、Wolberg（1974）の指示的な心理療法、そして、Rogers らの無条件的な積極的関心をもった人間関係などである。

生徒指導や学生相談のカウンセリングや心理療法における理論的アプローチは、それぞれの立場で異なっていても、カウンセラーとクライエントの間に介在する対人的構成概念を強調する点では共通している。しかし、これらの構成概念のそれぞれの性質が、時として不明瞭であるために、これらの効果的な応用が限られているという面が見られよう。

転移、逆転移、相互作用、治療的対人関係などは、研究者によって異なった現象を説明している場合もある。Loevinger（1968）によれば、治療的対人関係、相互作用、処置などの用語は、児童相談所などの施設でよく用いられているものであるが、それらが混然一体になっていて、その具体的概念は必ずしも明瞭であるとは限らない。

生徒指導や学生相談の全体的な治療過程の中で、治療者と患者の人間関係を明確にしていくことが、とりわけ重要である。そこで用

いられる治療的関係の構成概念を明確にすることにより、治療効果の理解を一層高めることができ、それらを実際に応用していくことも大いに期待される。治療研究によってすでに定義づけられている治療的関係の構成概念を明確にし、非臨床的研究から示唆される治療的関係仮説を再検討し、その明確な方法論を追及していくことが望まれよう。

2　行動学習における明瞭化

　生徒指導や学生相談において、カウンセラーとクライエントの間の好ましくて、良い人間関係がカウンセリングの効果を上げるために必要なものであることは、広く認められていることである。Brown（1954）は、6人のクライエントに非指示的療法を20回行い、治療的人間関係が改善されたと報告している。ここでは、治療関係の性質を明らかにするためにQ分類による評定が行われた。そこでは、治療中に4つの点に関してカウンセラーとクライエントの組合せについて評定が行われた。その結果、Brownは、カウンセラーとクライエントの両者が知覚する治療関係の特質は、不成功に終わったカウンセリングと成功したカウンセリングの間では、根本的に異なるものであった、と報告している。さらに興味深い点は、治療関係についてのクライエントの知覚は、カウンセラーの知覚よりも, 成功事例と不成功事例をはっきりと区別するものであったということである。また、治療関係に対するクライエントの知覚とカウンセラーの知覚の類似と一致の程度は、評定された成功事例と正の相関があったということである。彼らの治療関係の性質が一致していればいるほど、

評定された改善の程度も大きかったということである。

　他方、Parloff（1970）は、集団心理療法の前後関係に注目した。ここでは、治療関係は Fiedler（4970、1973）の 75 項目の Q 分類の記述による方法よって治療関係が評定された。75 項目の中には、まず、クライエントとコミュニケートしたり理解するための治療者の能力を測ることを目的とする 25 項目、カウンセラーとクライエントの間の情緒的距離を測る 25 項目、それに、クライエントに対するカウンセラーの行動に反映される地位に関する 25 項目が設定されていた。この参加集団の会合に立ち合った観察者の分類は、それぞれの治療者と組み合わされた 21 人のクライエントに対して行われた。それによると、これらの分類は、Fiedler の理想的な治療関係の標準との間に相関関係のあることが明らかになった。標準との相関が高ければ高いほど、カウンセラーとクライエントの関係は良好であることが予想された.

　Parloff の用いた変化や成果の基準は、クライエントの快感情、効果、客観性などを測定するための尺度であった。これらの尺度は、治療の前と初期、それに 20 回のセッションの最終回に、各々のクライエントと各集団の他のメンバーに対して行われたものである。その結果、一方では治療関係の性質と、他方では、変化基準との間に有意な関係のあることが明らかにされた。その結果、Parloff は、次のように述べている。「これらのデータの示すところによれば、カウンセラーとクライエントの治療的関係が良好であればあるほど、クライエントが経験している症状の除去が大きくなり、仲間集団のメンバーは、そのクライエントを前よりも支配的、リーダー的になったと記述することが多くなり、研究スタッフによるクライエントへの客観性も増してきた (p. 35)」ということである。

大学カウンセリング・センターの Hunt（1979）らが行った研究によると、治療効果に大きな影響を及ぼすものとして治療関係を挙げている。ここでは、2年間の資料収集期間に、6人の治療者と約200人の患者が、長期の治療や短期の治療に参加した。ここでは、治療的関係は、次のように定義された。(1) 治療者の患者に対する記述と、治療者自身の理想自我の記述の間の対応の程度、(2) いろいろな患者に対する治療者の記述と、治療者の理想像の記述の間の対応の程度。このようにして、治療関係は治療者の見方だけを反映する方法で定義された。ここで用いられた結果の基準は、治療が継続して行われたかということと、彼の用いた独立評定法による指標であった。

　その結果、彼が最初に出した関係スコアと、6人の参加治療者のうちの2人が出した患者の改善の間に有意な関係があった。そして、治療関係の質についての第2の指標による結果との間には、正ではあるが有意でない関係が明らかにされた．

　Shlien（1960）らは、治療結果と、カウンセラーおよびクライエントの関係について研究を行っている。治療関係の質とクライエントの変化は、第7回目の治療と最終回の治療終了後、参加者が治療者の評定を行うことによって測定された。この研究が特に目指したことは、治療中、クライエントの治療関係に集中する程度が、治療結果に及ぼす意義を明らかにすることであった。この結果、評定は、カウンセラーによるクライエント評定の程度、すなわち次の3つのものと有意に関連があるという仮説を認める結果が明らかになった。その3つとは、一般的な対人的障害に関連したカウンセラーとクライエントの関係を明らかにすること、治療関係それ自体から新しい有意義な経験を引き出すこと、クライエントについて報告するより

も、直接にカウンセラーの感情を表現すること、である。

　ここでは、カウンセラーとクライエントの治療関係が、最初の研究報告とは異なる方法で測定されたわけであるが、そこでの基準との間に有意な関係が見出された。この研究においては、治療関係の構造概念の理論的な事態と直接に対応する方法がとられた。そして、結果としては、治療効果に及ぼす治療関係の影響が大きいことが明らかにされた.

3　カウンセラーの役割

　生徒指導や学生相談におけるカウンセラーとクライエントの間の人間関係は、カウンセラーが治療に専念するよりはむしろ、クライエントに自分の感情を伝達することの方がよい結果を生ずる場合が多い。あらゆる心理療法についていえることであるが、治療関係は、治療方法そのものよりは、そこにおける対人関係の方が重要である。Hehle（1970）は、治療における人間関係のあり方から、カウンセラーの役割を再認識しようとした。

　彼によれば、カウンセラーの役割を明らかにするために数種頭の方法によって治療を行うカウンセラーに対して、治療効果が上がった事例に関して質問をしている。その結果、さまざまな種類の治療法が与えられたクライエントは、治療関係のあり方については、治療法の如何を問わず、同一の傾向でカウンセラーを知覚していることが明らかになった。

　カウンセラーの役割に関して、Ford（1977）らは、治療的人間関係のさまざまな側面から検討を加えている。彼らは、クライエントの

対人的反応とカウンセラーの対人的反応の2つに関する質問紙を作成した。これらの質問紙は、カウンセリングそのものと、カウンセラーもしくはクライエントに対する2つの下位尺度すなわち、正の反応を反映するものと負の反応を反映するものから成り立っていた。彼らが追及しようとしたことは、カウンセリングにおける反応的な型と指導的な型を比較することであった。ここで明らかにされたことは治療的人間関係に対するクライエントの見方は、カウンセラーの特質と共通しているということであった。

彼らはさらに、カウンセラーの役割に対するクライエントの期待についても言及している。上の2種類の質問紙に加えて、スーパーバイザーの対人的反応に関する質問紙による結果から、カウンセラーの役割に対する期待の程度が大きい時に有意に変化し、さらに、カウンセラーが援助する行動への期待の程度が負の場合に有意に変化することが明らかになった。これらのことは、カウンセラーとクライエントの人間関係において、カウンセラーの役割に大きな影響を及ぼすのは、クライエントの感情的な要素であると考えられる。

クライエントの感情尺度とカウンセラーの感情尺度を作成して、カウンセリング場面でお互いの感情を喚起しようとした場合に、カウンセリングの過程の中でこれらの2つの尺度のスコアの間には有意に高い正の関係が見られたという彼らの研究結果も、これらのことを裏づけているといえよう。

カウンセラーの役割を彼の対人的魅力という側面から明らかにしようとしたのはHellerら（1975）である。ここでは、カウンセリングにおけるカウンセラーの対人的魅力を絵画印象テスト（Libo, 1959）によって測定している。このテストは4枚の図版カードをカウンセリング場面でクライエントに提示し、質問に答えるという形式のも

のである。カウンセラーの対人関係スコアは、彼に対する魅力という用語で表現され、治療過程をこれらのスコアによって明らかにしようとしたものである。このテストは、カウンセリングの初回面接の中で行われた。この研究における仮説によれば、カウンセラーの魅力と治療関係スコアは、クライエントが第2回のカウンセリングを継続するかどうかを正確に予測できるということであった。その結果、クライエントがこのテストで治療関係に魅力を感じれば感じるほど、次回のカウンセリングに訪れるクライエントの数も多かったのである。

　これらのことから、クライエントが感じている治療関係の特質と、クライエントの依存性、クライエントの独立性との間にも関係があることが予測された。これらのことから、よりよい治療関係とは、カウンセラーとクライエントの間に存在する強い肯定的な感情であることが明らかであろう。

　カウンセリングにおけるクライエントの治療に対する理解と自発性に目を向けたのは、Bordinら（1975）である。彼らによれば、治療におけるカウンセラーの役割で、重要なものは対人的信頼であるとし、そのためにはクライエントの自己表現の自由を尊重することであると述べている。クライエントがカウンセラーに好意を抱くかどうかは、クライエントがカウンセラーから受けることを期待する正の強化量によって決定されるということも明らかにされている。さらに、よい治療関係が存在する基礎として、カウンセラーとクライエントによる治療への期待の一致、またはその相互作用をあげている。そして、そのためには、カウンセリングの目標との相互作用を強調している。

　これらの研究結果から、カウンセリングにおける中心的な変数は、

治療関係のあり方であることが理解できよう。治療関係に関する理論的かつ研究的な定義には、多様性やあいまいさも見られる。カウンセリングにおけるそれらの多様性とあいまいさとは、たとえば治療期間の長さ、クライエントの人数、クライエントの特質などの中に時として見受けられる。

　これまでに述べてきたような治療関係の再概念化を広げて、カウンセリング場面に適用していくことにより、これまでに行われてきた標準的な方法や習慣的な仲介変数に制約されることなく、治療法の新しい改善を試みていくことが可能になるものと考えられる.

4　行動目標の達成

　生徒指導や学生相談において、カウンセラーに対してクライエントが感じる魅力が大きい場合は、クライエントに治療的影響を強く与えることが可能となろう。このことは、治療関係の構成要素を如何に操作したらよいかという問題にかかわってくる。クライエントがカウンセラーによる治療的影響に敏感になるためには、まず対人的魅力と対人的影響の関係を明らかにし、治療の前後関係の魅力を操作するための仮説をたてることが必要となる。我々は、クライエントとのコミュニケーションをいつ開始すべきだろうか。クライエントの内面に隠された重大な意味をいつ我々は明確に知ることができるだろうか。いつクライエントを治療の根本原理や技術的手続きに触れさせたらよいのだろうか。

　これらの疑問に対する解答としては、クライエントに効果的な転移が行われないうちは、カウンセラーはクライエントとの間に適切

なラポートをつくり出すことはできないだろうということである。カウンセリングの第一の目的は、カウンセラーと彼の治療法に対してクライエントが愛着をもつようになることである。これを確実に行うためには、クライエントに十分な時間を与えること以外にないであろう。クライエントは、もしカウンセラーから関心を示されれば、始めに抱いていたような抵抗は次第に消えていき、自然にこのような愛着心を持つようになるからである。

　カウンセラーがクライエントに、はっきりとした好意的感情をもつことは、治療的コミュニケーションの形成の上での第一歩であるといえる。またそれは、カウンセラーのさまざまな教示に対するクライエントの感受性を高めるための前提条件といえるものである。このようなクライエントの感情は、時間の経過やカウンセラーへの関心、あるいは、治療的抵抗への働きかけなどによって自然に芽生えてくるものであろう。どのようなカウンセリングにおいても、治療者は最初からクライエントに対して精力的な治療活動への努力をしていかなければならないといえる。

　カウンセラーが治療初回から行う活気にあふれた治療行動は、クライエントの回復への意志を強め、治療への動機づけを高め、自己実現への努力をさせることになる。さらに、これらのことは、クライエントにカウンセラーとの協力体制をつくり上げる手がかりを与え、それによってクライエント自身に内在する神経症的な側面と対決させる意欲をつくりあげることにもなる。カウンセリングの効果が上がるのは、クライエントがカウンセラーを自分の素晴しい親と同一視することができた時であるといえる。神経症に悩む人たちはほとんどが、神経症患者としての地位を無意識的に維持しようとする傾向がある。

カウンセリングが、クライエントの内的葛藤に彼を直面させてしまうなら、彼は無意識にカウンセラーに抵抗をし、障害物につき当たってしまうだろう。したがって、クライエントがカウンセラーに助けられたい、協力してもらいたいという強い願望を持たないかぎり、カウンセリングによるクライエントの行動変容は起こらないであろう。

一般的にみて、転移を治療の中で起こすということは、クライエントがカウンセラーに対して感じる魅力を大きくしようとしたが故に、カウンセラーはクライエントに直接的に大きな治療的影響を与えようとしたのであるといえよう。

治療関係における転移は、ことに治療者の治療行動の中で重要な性質と考えられてきている。とくに治療の中でカウンセラーが指示的で権威的になる必要はないにしても、クライエントのカウンセラーに対する魅力を操作的に高めようとする意義は認められるものであろうし、カウンセラーの治療的影響をそれによって拡大しようとすることも望ましいことであろう。ことに、治療の初回においては、これらのことは心すべきことである。しかし時として、カウンセラーがクライエントに直接的に影響を与えようとした場合、ある種のクライエントには彼の依存性を高め、それによって彼の前進への意欲を妨げることもあるので注意が必要である。

クライエントが治療の中で独立できるように援助していくにつれて、初期の頃のクライエントの依存性を徐々に弱めていくことは可能である。カウンセラーがクライエントの依存性を自由に受け入れることによって、治療の目的は少しずつ成し遂げられていく。また、クライエントが治療開始直後から抵抗を示す場合にも、彼のそのような態度を自由に受容していくならば、現実の問題は解決への手が

かりをつかんで、クライエントを前進させていくことが考えられる。治療者はクライエントに、彼が希望する治療法を行うことによって、治療関係を改善することができ、それによって、さらに実りの多い治療を行うことができる。他方、彼の希望する治療法を行わない場合にクライエントの前進しようとする意欲が減退してしまうことは、よく治療者が体験するところである。

　幼児期から児童期の子ども達は、自分を援助してくれる人に対する依存性を通して、自信をもつようになるが、これと似た関係は、生徒指導や学生相談におけるカウンセラーとクライエントの場合にも当てはまるといえる。治療者に対して魅力を感じたクライエントは、治療に対して治療前には依存的であるが、治療体験を通して自己成長し、次第に独立できるようになる。治療的人間関係をよくするために、治療の初期で積極的な操作をすることは、これらのことからも十分に意義のあることである。カウンセラーは、臨床的知識を事例の中で生かすばかりではなく、魅力操作研究の治療的価値を見なおし、それを治療の前後関係の中でさらに応用していくことも必要であろう。

第6章
行動論的学習の過程

1　感受性との関係

　Osgood（1955）は、「表出的場面で示される特定の事物の判断に対する態度変容は，それが結びつく他の事物の判断に対する最初の態度の好ましさの程度と、ほぼ近似的な直接の函数関係を示す」と述べている。この関係は、認知的不協和の弛緩という意味と考えることもできるが、バランスのとれた状態への変化である。それは、均衡への緊張あるいは魅力と影響の均衡と考えることもできる。治療的対人関係においても、不均衡か不調あるいは認知的不協和を生じることがある。クライエントがカウンセラーに魅力を感じていて、しかもクライエントの影響力に感受性を引き起こさない場合には、不均衡を経験することによって、不均衡、不協和、緊張の弛緩という手段が、クライエントの感受性を大きく高めることになる。治療関係が好ましいものであればあるほど、それによって受ける影響力も大きいものとなる。言いかえると、クライエントが好ましいと思うような治療的解釈をするためには、治療者は好ましい対象でなけれ

ばならないといえる。

　生徒指導や学生相談における、治療的人間関係における魅力は、クライエントの個人的な好み、治療に対する関与の重要性、それに治療集団のもつ威光の程度などがあげられよう。魅力と影響の関係について実験を行ったのはBach（1964）である。彼の被験者は、まずランダムに2人ずつ組合わされた。そして、7つの実験条件のそれぞれにこの2人ずつからなる10組のクライエントが配置された。まず始めに、消極的な治療条件では、魅力を決定する要因が最小にされた。ほかの6つの条件では、3つの魅力が高いレベルか、低いレベルになるようにされた。

　魅力に対する個人的な好みと共に、低いレベルの魅力の条件では、次のような教示が与えられた。「私たちは、あなたに最も適合するような相手を探しましたが、あいにくそのような人を見つけることができませんでした。しかし、今日、あなたのために選んだ人は、あなたと、ある意味では共通点が見つけられる人です。ですから、多分あなたはこの人とうまくやれるでしょう。」

　これとは反対に、大きい魅力を与えるための条件では、次のような教示が与えられた。「一般的には、対人関係がうまくいく人同士を組み合わせることはほとんど不可能なのですが、あなたの場合は例外的に、あなたにすべての面で適合する人を選ぶことができました。この組合せは、ほんとうにまれなほどうまくいくように行われたものです。あなたは、この人ととてもうまく対人関係をつくり上げていくことができるものと思われます。」

　これと同じ方法で、集団作業の重要性についても魅力の大小を操作する手続きがとられた。そこでは、クライエントの行う作業結果の重要性が変えられるというものであった。集団威光の条件におい

ては、魅力はその集団に属する価値を強調することによって操作された。まず、自分の相手に会う前に、3枚1組の絵を提示し、それについて物語をつくるように言われた。クライエントは、自分と相手が3枚の絵についてそれぞれ共通したテーマの物語を書いたと考えたが、実際には、最初の物語を書き上げてから、自分の書いた物語をもっと良いものに仕上げるためのディスカッションに参加した。

　その結果、それぞれの組合せが決まった後で、各メンバーは再び別れて、自分が望むような物語を仕上げたのである。ここにおいて主要な依存変数である対人的影響は、始めに書いた物語が、自分の相手の仕上げた最初の物語の方に類似している程度を厳密に測定することによって操作されたわけである。そして、結果的には、魅力の高い条件では、より強い対人的影響を受け、それによって、より良い人間関係が形成されたのである。言いかえれば、集団の凝集性は、これらの教示によって、はっきりと高められ、さらにこのような集団において行われるコミュニケーションは、メンバー相互の対人的影響に大きな好ましい変化を生ずることが明らかになったのである。

　清野（1970）は、非行少年の達成意欲に関する付随的な研究を行い、次のような結果を明らかにしている。この集団における被験者は、非行少年に関する事例研究の報告を聞くという場面に参加した。話し合いの話題として、高校生にふさわしい服装についての問題がとりあげられた。事例報告者が現われる前に、被験者たちは事例研究の報告書を読み、問題に対する意見をまとめた。例えば、非行少年が犯罪を犯した場合に、その責任は少年自身にあるか、それとも少年の生育環境にあるかについての意見をまとめた。

　その後、事例報告者が約1時間、上記の事例について話をした。

この事例報告は、彼らがその話を聞く前に読んだものとほぼ同じ内容のもので、罪に責任を負うべきは、少年自身ではなく、少年の環境そのものであるというものであった。この後、彼らは再び質問紙を渡され、事例報告者の人間的魅力についての意見を求められた。その後、事例報告者は「高校生の服装について」という討論会に参加した。この討論が行われている間、事例報告者は、彼らが彼の権威に触れるような言動をした時は、彼らに従順さと服従を要求するようにした。彼は、全体的には、討論中の話題とは関係なく、自分が否定的な評価を受けるような態度を示した。

　この話題についての討論のあと、彼らは、彼についての人間的魅力についての意見をまとめて報告した。これらの質問紙から次のようなことが明らかにされた。すなわち、初回には、ほとんどの者が彼の人間的魅力を高く評価したが、その後、約半数の者が、彼に対する好意的感情を低く評価していたのである。

　この場面では、彼に対する人間的魅力を高めるための誘導と、その後の好意的感情を減ずるような誘導が行われたわけである。そして、対人的影響を及ぼそうとするための質問紙を通して、彼らの態度は変容を示したのである。ここで明らかにされたことは、好意的感情を抱いていたのに後にその感情を減じた者、および、嫌悪誘導によって態度を変容させた者は、対人的な親密関係に対する強い欲求を持っていた者であった、ということである。もともと親密関係への欲求が低い人は、両条件のもとにおける対人的影響への感受性が低い人たちであった、と考えられよう。コミュニケーションが行われる場合に、大きな要因となる対人的魅力は、相手に好意的感情を持った者が、自分の意見を相手のそれに、より一致させるような変化を示す。この研究結果から、彼が明確な形で以前よりも理解さ

れることが明らかになった。これらの結果から、意見の変化が、対人関係における親密さと深い関係のあることが示された。

この研究の第2研究においては、魅力と対人影響の関係を言語的条件づけの面から明らかにしようとした。そこでは、集団の成員がリーダーに対して持つ魅力を高めるような組合せの仕方が導入された。ここでの集団成員は自分たちが魅力的なリーダーか、あるいは魅力を余り感じないリーダーのいずれかの人と組合されるという教示が与えられた。集団成員は、リーダーに紹介される前に、「これから行う作業は、あなた方とリーダーが気持ちを合わせて、一緒にする必要があります」ということを伝えられた。そして、その後で行動評定尺度に記録を記入した。これは、集団成員が社会的場面の中で望む行動についての評定に関するものであった。魅力の大きいリーダーのもとに配置された集団成員は、次のような教示を与えられた。「一般的には、性格の類似した人同士を組合わせることは大変難しいのですが、あなたの場合には、共通したものを持つ人が見つかりました。」これとは反対に、魅力の大きくないリーダーのもとに配置された集団成員には、次のような教示が与えられた。「一般的には、性格の類似した人同士を組合せるのですが、あなたの場合には、多少の問題があります。この人は、あなたを時として、いら立たせることがあるかも分かりませんが、できるだけ協力してやってください。」

この後、それぞれのリーダーと組合された集団成員は、言語条件づけの作業に参加した。そこでは、魅力の大きいリーダーの集団成員と魅力の大きくないリーダーの集団成員の間のソシオメトリー測定の結果から、リーダーの魅力に関して有意差が示された。前者の成員は、後者の成員よりも、言語条件づけが強く行われたのである。

言いかえると、ソシオメトリー測定によって組合せの手続きをすることが、魅力のレベルの決定に影響を与えるということである。さらに、リーダーに魅力を感じた被験者と、魅力を余り感じなかった成員に行われた条件づけでは、有意に異なった条件づけのレベルが示された。これらのことから、対人的魅力と対人的影響への感受性の間には、関連性のあることが明らかにされたといえよう。

　一般的に条件づけの中で与えられる言語的強化と、カウンセラーがうなづいて受容的言語を発することの間には、類似性があるといえる。カウンセラーによって微妙なニュアンスで与えられる受容的言語は、カウンセラーとクライエントの間の人間関係が良く、うまく両立できる時には、さらに一層、治療的効果を期待できるということである。

　筆者は、1962年に、アメリカの大学寮における成員間の影響と集団の凝集性に関する数度の調査を、大学院生の研究仲間達と共に行ったことがあるが、集団の凝集性の変数は、集団成員間の対人的魅力の面が大きく影響していた。この調査は、大学寮における集団凝集性、すなわち、大学寮に居住している集団成員たちは、他の成員たちにとってどれ位魅力的かということと、集団の機能との関連を明らかにしようとしたものである。そこでは上級生が下級生にどの位、対人的魅力を与えているかという点にも焦点が当てられた。下級生が上級生に対して抱く好意の程度など個人的感情を明らかにするために、質問紙による調査が行われた。上級生1人と下級生3人が1つの作業に参加した。まず集団の下級生たちが賛成している問題解決に対して、上級生が不賛成の立場をとるように導入されたのである。

　そして、集団成員たちの相互作用の様子が記録され、上級生が下

級生に影響を与えようとする試みがどれ位、成功したかに関する情報が集められた。その結果、下級生から余り好まれていない上級生に比べて、非常に好まれている上級生は、下級生の集団成員に対して、はるかに大きな影響を与えていた。さらに、上級生が下級生に対して与えようとする影響の量が、いろいろな集団の中でも一定に保つことが可能なように条件が設定されたのである。すなわち、より一層好かれる上級生の影響力の程度は、そうでない場合よりもはるかに大きいということが明らかにされた。

　これらのことは、カウンセリング場面にもそのまま当てはめて考えることができよう。すなわち、カウンセラーの対人的魅力が大きければ大きいほど、対人的影響への感受性も大きくなるということが予想される。治療関係における対人的魅力の感受性が、さらに現実の事例においても研究の対象として取り上げられることが望まれる。

2　心理的抵抗

　生徒指導や学生相談における、臨床事例に適用することのできる心理学の基礎理論の一つに、認知的不協和理論がある。Festinger（1957）は、認知的不協和理論を、広い意味で、動機的特性をもった心理学的緊張として定義している。この理論では、個人の中に不協和を生ずる状態を明らかにし、さらに、不協和を低減させるさまざまな方法を明らかにしようとしている。この理論の中心は、認知的要素および人間関係の側面にあるといえる。認知的要素は、その人自身、その人の行動、およびその人の環境に関する情報もしくは認

知の要素によって示されている。2人の人間の認知の仕方が一致するときは、その対人関係は、つり合いがとれて調和している。すなわち、一方の人が、他方の人に従ったり、他の人を巻き込んだり、他の人と両立することができるときは、その対人関係は調和しているといえる。

　クライエントが、カウンセリングへの参加を拒んだり、不本意な気持ちで参加したり、あるいは、反抗的な態度で参加しているときは、認知的不協和の要素が重要な意味をもっているといえる。クライエントが、カウンセラーに大きな魅力を感じ、カウンセラーがクライエントに治療的影響を及ぼそうとすることに何らの不満を抱かない場合は、治療的な場に、心理的協和の状態が存在していることになる。これとは反対に、同時に2つ以上の認知的要素が同時に生じている場合は、不一致による不協和が存在しているのである。例えば、クライエントがカウンセラーに対して相対する考え方をするとか、カウンセラーと両立できない場合である。クライエントが治療に参加したくないとか、治療参加に著しく不本意であったり、あるいは、はっきりと抵抗を行動で示すとかいうときのクライエントの認知の仕方は不協和状態になっている。

　クライエントがカウンセラーに対して、ほとんど魅力を感じていないのに、カウンセラーがクライエントに何らかの治療的影響を及ぼそうとしても、クライエントの治療に対する反応性は不協和を生むだけであろう。このことから、認知的不協和理論の中心的仮説は、次のように言い表すことができる。すなわち、治療的場面において不協和が生じると、その不協和を小さくするような圧力が生じる。この圧力の強さは、そこに存在している不協和の大きさと、直接に、関数関係にある、ということができる。このように、この理論を現

実の治療場面に適用していく中で、カウンセリングの治療参加に抵抗を示すクライエントについて、もう少し詳しく考えてみよう。

クライエントが、本心ではカウンセリングに参加しないことを強く望み、しかも現実には治療に参加するとき、彼は心理的抵抗を態度では表明せずに治療参加することになるので、治療中、彼はより一層大きな不協和を体験する。そこでさらに、その不協和を小さくしようとする圧力は、本人の内面ではますます強く体験することになる。これとは反対に、クライエントがカウンセリングに参加したくないと本心から望み、自然に治療参加への抵抗が強くなればなるほど、彼が経験する心理的不協和は小さくなり、不協和解消へと働く圧力も、ますます弱くなっていくことが考えられる。

カウンセリングが開始されたのに、クライエントの抵抗がいっこうに小さくならず、治療の終結が難しいという場合、クライエントの抵抗的行動は、カウンセリングに参加したくないという気持と両立している。カウンセリングの参加に対して不本意か、あるいは、擬似的に不本意の感情を抱きながら参加している場合、クライエントは、カウンセラーのいかなる治療的働きかけに対しても、抵抗を示すのである。しかも、この場合、クライエントは、治療を継続して受けることをはっきりと断ることをせず、引き続きカウンセリングに参加しにやって来る。したがって、このクライエントは、カウンセリングには物理的な意味で参加しているのであるが、治療的変化を促進するという、本来のカウンセリングの目標からすると、決して治療に参加しているとはいえないであろう。

この種のクライエントの場合、カウンセラーが、カウンセリング開始後、初期のクライエントの心理的抵抗を小さくすることに、ほとんど注意を払っていない場合が多いのである。このようなときに、

第6章　行動論的学習の過程

　カウンセラーのまずするべきことは、この種のクライエントに、物理的な参加でもよいから継続して治療に通うようにさせ、その上で、彼の心理的参加を強めていく手段をとることである。そのためには、クライエントの心理的抵抗を弱め、カウンセラーがクライエントに対して何らかの治療的影響を及ぼそうとすることに対して、感受性を強くするような治療的働きかけをすることが必要になる。この種のクライエントが参加してくるカウンセリングにおいて、これらの治療的働きかけが行われない場合には治療は無益な延長を重ねるばかりで、非効率極まりないカウンセリングとなることは必須であろう。クライエントが抵抗をし続けるなら、クライエントのカウンセラーへの魅力や、治療過程への魅力、カウンセラーのクライエントへの治療的影響力への感受性は、低い状態のままで経過するのみである。それでもなお、彼がカウンセリングに通い続けるとしたら、直接的な障害がないときの彼の行動は、依然として、心理学的には不参加といえるものであろう。

　治療の初期で示される、この典型的なクライエントの心理的抵抗は、治療の全期間にわたって延長されることがしばしばである。このようなとき、治療期間の長期化を不必要に続けるばかりではなく、治療者自身が、このような未解決の事例を数多く抱え込まなければならなくなる。したがって、カウンセラーは、クライエントが非生産的、非治療的参加をしているときには、このような治療的人間関係を断ち切るために、何らかの手段をとることが求められる。

　そのために、治療者としてまずとるべき行動は、クライエントに認知的不協和を喚起することである。カウンセリング・クリニックに来所はするが、心理的には参加しないという不一致は、クライエントにとっては、極めて不満足な状態であろう。しかし、治療者と

しては、このような意味での心理的不協和を、さらにクライエントに継続して体験させることが多いのである。なぜならば、Festinger の認知的不協和理論によれば、クライエントの内部でこのように大きくなった心理的不協和には、自然に、それを小さくしようとする圧力が加わる。そこでクライエントは、彼への治療的働きかけを取り除くことを動機づけられ、自分のこれまでの無意味なカウンセリング・クリニックへの通院をやめるか、あるいは、非抵抗的な方法で通院し始めるかの、いずれかの道をとって、自分の内面の心理的不協和を小さくしようとすることが予測されるのである。

　心理的不協和な治療的人間関係においては、出来ることなら、カウンセラーおよび、治療参加に対するクライエントの抵抗的な感情を、もっと好ましいものにしなければならない。そうすることによって、カウンセラーに対するクライエントの抵抗は弱まり、クライエントのカウンセラーに対する魅力は高められていく。さらに、治療開始の初期に、心理的不協和な関係における抵抗的な認知の仕方を変化させていくことにより、クライエントの抵抗は、治療が終結するに至るまで、次第に弱められてくる。このように、抵抗を示すクライエントの内面に、心理的不協和を喚起させていき、それによって、カウンセラーに対しより大きい魅力を感じるようにする。言いかえるならば、カウンセラーがクライエントに与えようとする治療的影響力に対して、彼の感受性を高めることにより、クライエントの対人的認知の仕方を変化させていくのである。

　対人的影響を治療の中で大きくしたいときに、新しい認知的要素をとりあげて適用していくこともできる。カウンセラーとの対人関係の中で不協和状態にあるクライエントは、治療を受けようとするが不協和の故に、治療を本心から好まない傾向がある。彼らは、多

くの場合、カウンセリングの中で知識や合理化、あるいは理由づけなどの要素を求めがちである。したがって、カウンセラーは、彼らのこのような要素に対応した方法を用いて、不協和を感ずる方法をとることが望ましい。例えば、このようなクライエントの場合、権威と正当化を関連づけて、自分のカウンセリングへの参加を再概念化しているように思われる。自分がクライエントと呼ばれることに、自分なりのさまざまな二次的利益を見つけようとする。この正当化の概念は、現代の認知的不協和理論の中でも、特に重要な概念であろう。

　例えば、ここに2つの集団があって、一方の集団には彼らに有益な情報が与えられ、他方の集団には、わずかな情報しか与えられなかったとする。そして、彼らは同時に自分自身の意見とは食い違うような意見を書くように言われたとする。このような場合、認知的不協和が多く生じるのは、情報をわずかしか与えられなかった集団の方であろう。有益な情報を沢山与えられた集団の方に認知的不協和が少ししか生じないのは、有益な情報を数多く与えられれば与えられるほど、彼らは、ポジティヴな属性を与えられ、より一層、協和した認知の仕方をし、自分の意見と食い違った意見を書くことも正当化しようとするものと考えられる。これに対して、わずかな情報しか与えられなかった集団は、自分の意見と食い違う行動をとることができず、したがって、ほとんど正当化することもなかったのである。

　このように、対人的場面において大きな認知的不協和が生じると、その不協和を小さくするような圧力が加わるので、より一層大きな態度変化が不一致の状態を起こすようになる。カウンセリングに、あいまいな気持で参加しているクライエントが、非抵抗的な気持で

参加している場合には、不協和状態を体験することになる。なぜならば、抵抗的な態度は、カウンセリングを避けたいという彼の意志と一致するからである。このような認知的不協和は、クライエントが希望するような方法、例えばに抵抗を小さくするという方法に変えることもできる。抵抗を除くような手続きがとられないかぎり、別の正当化が必要になるであろう。たとえば、認知的不協和関係の中にある認知の主観的要素を小さくすることも、その一つの方法である。

この方法によれば、認知的不協和の要素間の関係は変えないで、不協和による葛藤を小さくするのである。たとえば、これまでにとり扱ってきたような、不本意ながらカウンセリングに通ってくるクライエントは、多くの場合、学校の教師とか両親の説得によって、カウンセリングを受けるようになったと考えられるのである。これらの外部的圧力は、彼らがカウンセリングに続けて参加することによって徐々に軽減してくるであろう。このために、彼は自分をカウンセリングに参加させようとするカウンセラーからの圧力を除こうとするよりは、むしろ、より小さな緊張と、より小さな不協和喚起の状態をカウンセリング場面の中で維持しようとするのである。

クライエントとカウンセラーとの対人関係において、自分を治療の中に引っぱり込もうとするカウンセラーとの治療関係を認知しようとするよりは、不協和喚起の量が小さい方をあえて選ぼうとするともいえる。治療を継続することは、クライエントにとって2つの望ましくない状態の中から、自分にとって、さほどひどくない方の状態を選択するということを意味している。そのために、カウンセリングの中では、クライエントの治療参加に対する感情の不協和を、より一層小さくするような努力が払われる方がよい。その場合に遂

行という変数を用いることも可能となる。我々が数多くの中から一つのものを選択するという場面におかれたとき、そこでとられる遂行という影響を受けることが考えられる。

　我々は、ふつう、認知的要素を大きく変えることに大きな抵抗を覚える。したがって、認知的不協和理論における遂行の役割は、その心理学的意味づけを明確にすることであり、その結果、何が協和するもので、何が協和しないものであるかを明らかにすることである。さらに、心理的不協和を軽減するような方法を明細に明らかにすることである。遂行しようとする行動と明らかに不一致をきたすような情報は、不協和を生じ、その不協和を軽減するような方向へと我々を変化させると考えられる。クライエントの遂行と正当化は、その正当化が行われるときの構成概念と関連しあっている。したがって、クライエントが自分と食い違う行動を遂行するか否かは、彼の正当化、誘発因、誘導性、強制などさまざまな要因に依っている。自分の考えと食い違う行動をクライエントに遂行させたり、不協和を喚起させようとしたりするときの正当化は、食い違う行動にクライエントを直面させることを最小にするとよい。この最小量を越えるほどの正当化は、不協和を抑制するような、ポジティヴな認知を生じさせる。

　前にあげたように、有益な情報を与えられてから、自分の意見と異なる立場の意見を書いた人々は、わずかな情報しか与えられなかった人々よりも、認知的不協和をわずかしか体験しなかったという事実は、これらのこととも対応することがらであるといえよう。遂行とそれによる結果は、不協和喚起の操作そのものともかかわり合っている。さらに、食い違う行動をとる場合の正当化の量も、重要な構成概念である。この正当化の量は、人が食い違う行動に参加し

たり、自分をそれに一致させたりするための選択や意欲によっても影響を受けるものである。人が、自分の意見と異なる行動をとろうとしたり、それを遂行するときの正当化が少なければ少ないほど、大きな認知的不協和を体験する。なぜならば、自分が意欲的であり、自分自身で意見を決めたいと認知するためである。

このようなときに、正当化や誘導が大きく関与してくると、数多くのポジティヴな属性が自分と食い違う行動をとらせ、それによって、認知的不協和は小さくなっていく。遂行の仕方と食い違うような認知をする場合、その人の意欲の強さが、ある程度、不協和の量を抑制することも考えられる。その人の意欲が弱い場合は、必然的に不協和の量は小さくなろう。認知的不協和の喚起と、不協和の軽減によって、クライエントの治療場面に対する魅力を高めることができることになる。ここで重要なのは、不協和軽減の機会を少なくする条件は何かということになろう。これまでに示してきた、遂行、選択、正当化などの条件は、クライエントが自分の考え方と食い違う治療場面に参加するときに大いに役立つものである。

第7章
行動論的学習の形態

1　役割像による自己表現

　生徒指導や学生相談におけるクライエントが、カウンセリングへの治療参加に対して積極的な認知の仕方をするようになると、カウンセラーがクライエントに対して何らかの治療的影響を与えようとする働きかけに対するクライエントの感受性は大きくなってくる。これにより、治療期間も短縮されようし、より早く満足な治療効果も期待されることになる。ここで重要な働きをするのが役割による自己表現法である。治療参加に対して余り積極的でないクライエントに対して、あたかも治療参加に対して積極的であるような役割を与え、自己表現させるのである。演じられる役割の態度の方向に、クライエントの立場を変化させようとする。この手続きの根底には、これまでに述べてきた認知的不協和の理論が存在すると考えられる。

　役割による自己表現法では、クライエントのために、望ましい役割像が設定される。彼に必要と思われる役割演技を自己表現させていくのである。そして、この自己表現の経験によって、自分自身の

態度と同じように自己表現できるまで、長い時間をかけて学習させていく。この役割像にとり入れられている行動や態度は、治療開始時に彼に示されたものとは大きく違っている。この自己表現法は、治療場面以外の日常生活の中で自由に表現をする機会が与えられているものである。

この役割像による自己表現法には、2つの側面がある。1つは、この場合に用いられる役割像が、治療セッション中、完全に保護されていることである。これによって、クライエントは、現実には自分でとれないような役割行動を大胆にとってみることが可能となる。クライエントの環境は十分に保護され、受容されるような体制がとられているので、自分をこれまでのよりに束縛することなく、自分自身の世界を探究することができるようになる。この役割像による自己表現法を、認知的不協和理論との関連で考えてみると、次のようなことがいえよう。すなわち、相対的にみて易しい役割演技を与えられたクライエントが、自分に縛られないで自己の役割像による自己表現法を行うと、不協和喚起が小さくなり、それまでの自分自身の固定化した行動形態をとることが、徐々に少なくなってくるということがいえる。

さらに、クライエントの自発性あるいは即興性という第2の側面がある。クライエントの行動や自発性の大きさは、クライエント自身が行動する役割像の中で、どの程度実現されるかに影響を与えるものである。例えば、現時点で自分が表現していた内容をクライエントが瞬間的に忘れてしまうということが、リハーサル中に起ったとする。このようなとき、治療者は重要な意味のある行動が起こったと推測する必要がある。なぜならば、これまでにクライエントの行動を形成してきた構成要素と、新しい役割像による構成要素が、

入り混じってきたことを示すものだからである。言いかえれば、望ましい行動変化がクライエントの内面に起こりつつあるといえるのである。

2　イメージによる自己表現法

　短期大学生の小集団に、役割像による自己表現法を実施した筆者の体験を述べると次のようになる。短大生の小集団に属するメンバーたちは、次のような役割像を自由に自己表現する機会を与えられた。すなわち、役割演技者、同一視する人物、そして積極的観察者である。同一視する人物では、各メンバーは自分と役割演技者を同一視し、感情移入するように言われた。積極的観察者では、そこで行われる行為をできるかぎり客観的に観察するようにと言われた。これらのことから明らかにされたことは、役割像を自己表現することへの参加の程度と、自分とは食い違った役割像の方への態度変化の間には、明らかに関連が見られたのである。

　とくに、最初、自分のとるべき役割像に不賛成だったのに、自己表現場面を体験したメンバーは,その役割像の方向へ大きな態度変化をしたのである。短大生グループによる自己表現法の次の設定では、スピーチの場面がとり入れられた。グループのメンバーは、一人の学生のスピーチに耳を傾けながら、それと同時にそのスピーチの大要を読んだり、割り当てられた話題についてスピーチをするというものであった。スピーチをする時の条件として、メンバーは、与えられた話題に誠実な態度で臨むという教示を与えられた。その後、メンバーの態度を測定するための質問紙が与えられた。この質問紙

から得られた態度変化の得点から明らかにされたことは、スピーチをする人が、聞き手よりも、スピーチの中の食い違う立場の方へと、より大きな変化を示したということである。さらに興味深かったことは、一番大きな態度変化を示したメンバーは、自分の話題の中にイメージによる即興性をとり入れる傾向を示したということである。さらに、話をするという自分の行為を非常に満足に思う傾向があったということである。これらのことから、役割像による自己表現法に積極的に参加した人は、態度変化も大きかったということと、このような態度変化が引き起こされる手段として、イメージによる即興性と満足感があげられる、ということがいえよう。

　これらのことをカウンセリング場面に対応させて考えると、次のようになろう。すなわち、カウンセラーの役割演技の魅力を高めるためには、クライエントに即興性を生かした自己表現をさせる方法を用いることが望ましいということがいえる。それによって、カウンセラーへの望ましい魅力は高められ、次いで大きな治療効果も期待することができるようになる。即興性をとり入れた自己表現の特徴は、クライエントが自分自身の言葉でコミュニケーションを再構成していくという点にある。それによって、治療的内容の理解は著しく進み、継続的なコミュニケーションが期待できるからである。生徒指導や学生相談におけるクライエントの意見や態度に変化が生じてくるのは、親しみやすい言葉で内容を言いなおすという単純な行為によるためと思われる。

　イメージによる即興的自己表現を、不協和理論から考えなおしてみると、自分の考えと食い違う言語行動の強さが大きければ大きいほど、認知的不協和の大きさは大きくなり、その結果として生ずる態度変化も大きくなるということがいえよう。もし即興性の取り入

れが多くなると、言語量も増大し、態度変化を起こす機会も多くなるといえる。イメージによる即興的な自己表現法は、役割演技の基本にもとづいて構成されているので、態度や行動のような、クライエントの内部構造の性質との間に、多かれ少なかれ因果関係がみられることは当然であろう。即興的な自己表現によって、抵抗を示していたクライエントが自己を魅力あるものとか、他者と協調的であるなどの新しい認知の仕方を学習するようになるのである。

　この小集団のメンバーたちは、喫煙が健康に害を及ぼすという内容について自分の考え方を求められた。まず、この問題に対する自分の態度を明確にした後、喫煙をしていても長寿である人々に関する話を聞かされた。メンバーたちは、その話を聞いた直後に、イメージによる即興的な自己表現で、長寿の人々を主人公として演じたところ、ほぼ半数の者は、初回の自分の態度を変化させていたのである。そして、この自分の内面に起こった状態変化は、単に長寿の人々の話を聞いたがために起こったのではなく、自己表現で演ずることによって起こったと信じていた。また、これらのメンバーたちを権威主義的な人とそうでない人とに分けてみた場合、前者の人の方が後者の人よりも、態度変化の量が大きかった。これは、即興的な自己表現法の違い、あるいは偏見などによって生じた差かも知れない。あるいは、もっと厳密に考えれば、権威主義測定の方法そのものに課題があったためかも知れない。

　生徒指導や学生相談におけるカウンセリングの場面で、この自己表現法を取り入れていくことに言及するために、上記の小集団とは別の小集団に行われた試みについて述べてみよう。彼らは、3種類の小集団に分けられた。いずれも、自分自身の考え方とは異なる反対意見を支持するように言われたのであるが、第1の集団には、自分

たちが優れた討論をしたことに対して優秀な評価が与えられた。第2の集団には、討論をしなかったという理由のもとに低い評価が与えられた。第3の集団は、討論には全く参加しなかった。これらの場面設定から明らかにされたことは、高い評価を与えられた人たちは、高い評価を与えられなかった人たちよりも、はじめに自分がもっていた意見と異なる反対意見の方向に、大きく態度を変化させていたのである。カウンセリングの中でこの結果を適用する場合、不協和喚起によって引き出されたクライエントの魅力は、カウンセラーの行動によって、さまざまなレベルについて高められるよう配慮されることが望ましい、ということになろう。

　さまざまな態度変化を生じさせる方法として、即興的な自己表現を媒介変数として行われる場合、高校の必須科目に精神衛生に関する科目を導入すべきかのテーマを中心に行われたものを紹介しよう。この課題に参加した高校生たちは、最初から、高校にこの新しい科目を導入することには反対であった。つぎに彼らは、高校新聞の編集者から、「あなたの意見をテープに録音したい。編集部では今、この問題について沢山の意見を集めているところだ」と伝えられた。ここで、不協和理論の生起条件について、もう一度考えてみると、自分自身の意見とは異なる行動を遂行する場合、知覚された選択との幅が大きければ大きいほど、そこに生ずる不協和も大きくなり、また、始めとは異なる意見の方向への態度変化も大きくなる、というものであった。上記の高校生の集団の場合にも、これらのことが、結果として十分に推測されたのである。しかし、クライエントが自分の意見と異なる行動に参加するとき、そこで彼が知覚する選択の自由の域については、さらに検討を要する問題であろう。

　カウンセリングにおける治療的人間関係にかぎらず、どのような

種類の人間関係においてもいえることであるが、人は自分の感情とは異なる方法で行動しなければならないとき、必ず心理的不協和を体験するし、相手に対する態度も結果的には変化を生じてくる。不協和理論は少なくとも我々にこのような可能性を示し、また、どのような条件によって、これらの態度変化が起こるかを示唆してくれるものである。もしカウンセラーがクライエントに、あなたを悩ます相手に暖かい態度で接しなさいと言われた場合、それが極めて命令的で強制的な態度で言われたとしたら、クライエントの相手に対する行動の変化を期待することは難しいことである。しかし、もしクライエントが、相手にどういう態度で接してよいかわからないでいる時に、同じような強制的な圧力を受けたとすれば、不協和軽減のメカニズムによって、相手に対する態度が相対的に変化することが可能となる。

このようにして、対人的知覚の場においては、これまでにあげたようなクライエントの行動選択の余地という変数は、無視できないものである。上述したような対人的相互作用は、カウンセラーが一時的にしか抑制効果を持たない影響力を及ぼした場合である。この種の影響力は、不変なものではなく、もっと別の方法へと誘導していくことができるだろう。クライエントを、彼の信念とは異なるような方法で行動するよう誘導していくなら、不協和軽減の作用によって、彼が本来有していた行動は、誘導されて体得した行動形態へ徐々に変化していくと思われる。しかし、これらの変化がほとんど生じないクライエントも、多くはないが存在する。彼は、カウンセラーから、ある特定の行動を試みるように言われた場合でも、それを遂行するにせよ、しないにせよ、その行動を中立化するという簡単な方法をなかなか理解できない。なぜならば、彼は、自分に不快

で相容れないような行動を取り消したり、中立化できないように、これまでに強制的に従順さを押しつけられてきたので、したがって、不協和を期待することは、ほとんど不可能といってもよい状態に追い込まれているのである。

　次に、別の集団における相互作用をみてみよう。この第2の集団においては、相手の声を聞くことはできても、姿を見ることのできない人物に対して、否定的な評価内容のものを読む、という設定がつくられた。それを読み上げる場合、大きな声で読んだ方がよい、と言われるか、もしくは、大きな声で読むことを命令されるかのいずれかの条件に参加したのである。すなわち、前者は選択可能な条件で、後者は選択不可能な条件であった。参加の後に集団の半数の者は、上記の人物に会うことになっていて、残りの半数の者は、その人物に会うことはないだろうと伝えられていた。すなわち、前者は高遂行条件であり、後者は低遂行条件であった。ここで予測されることは参加者が選択に関して錯覚し、自分の行動を中立化する機会を与えられていない条件では、心理的不協和は最大になるだろうということであった。したがって、選択でき、しかも高遂行条件に参加した人の態度は、異なる評価の方向へ最も多く変化することが予測される。事実、これらの結果から、参加者は、他者に対して最初にとった態度とかけ離れた行動をする時は、その人と調和するような方向に自分を変化させる、ということが明らかにされたのである。

　このことを言いかえれば、人は、自分が本来もっていた態度とは異なる方向には行動しなくてもよいのだと、いくらか自由に考えなければならないし、さらに、自分が目標とする人物を裏切るような行動を、簡単に否認することができない、ということを実感しなけ

ればならないといえる。上にあげたような2つの条件を合わせれば、態度変化を起こすように動機づけるための、十分な不協和が生ずるであろう。ということは、もしこの2条件がそろわなければ、そこで起こる態度変化の量は、きわめてわずかなものとなることが考えられる。ここで重要なことは、行動と最初の態度の間の食い違いの量だけであって、食い違いの方向ではない、ということである。これまでに述べてきた不協和喚起操作は、クライエントが行う役割像による自己表現法だといえよう。

　治療参加に抵抗を感じているクライエント、とくに、それがクライエント自身の個人的態度と異なっているために抵抗を示す人には、カウンセラーの魅力を好ましい方向へ増大させることが強調されるべきであろう。そのためには、役割像の自己表現に際して、クライエント自身に選択の余地が与えられていることが重要である。そして、クライエント自身とは食い違った行動形態から、本来の自分をとり戻したり、否認したり、遂行しないことなどが許されない状況のもとで、クライエントに行動遂行させることが重要である。また、クライエントが即興的に自己表現できるように援助することも重要である。そこでの役割演技の場面構成は、クライエントが自分自身の特性を前面に押し出すことによって進めていくのである。さらに、役割像についての自己表現が行われた後は、カウンセラーは、クライエントに、是認、強化、あるいは新しい見通しなどを積極的に与えていき、彼の精神のよりよい安定のために働きかけることが重要であろう。選択、遂行、即興的自己表現、是認などの手段は、治療の初期、中期、後期のいずれの時期にも十分配慮しながら行われるべきものである。

3 内省的な自己表現

　生徒指導や学生相談において、カウンセリングに抵抗を感じ、治療参加に魅力を感じていないクライエントが、役割演技によって次第に抵抗を弱め、カウンセラーに積極的な魅力を感じるようになるのは、なぜか。この場合、クライエントが、カウンセラーになぜ魅力を感じるようになったかを内省させることが、治療の効果を一段と高めることになる。この場合、文章によって内省の内容を一層深めていくことができる。自分自身の個人的意見と反するような文を書かされる場合に、2つの条件が考えられよう。まず第1の条件は、正当性の低い条件で、個人的意見に反するような内容の文を書くことに同意させる方法として、わずかな理由づけが行われる。これに対して、正当性の高い条件では、内省的な文章を書くために、いくつかの追加的な手がかりが与えられる。このようにしていくと、最初、自分の意見とは相容れない方向への態度変化は、正当性の低い条件で最大に表れ、次に、正当性の高い条件ではそれよりわずかに下まわり、何の条件も与えられなかったときには、態度変化は最小となる。すなわち、正当性と態度変化の間には、一貫して逆の関係が存在するように思われる。

　自分の意見と異なる立場で内省的な自己表現をする場合をもう少し取り上げてみよう。短期大学1年生の集団に、なぜボランティア活動をしたかについて、内省的な文章を書くことが求められた。この要請に応じたか否かによって、高選択群と低選択群とに分けられた。ボランティア活動に対する態度の変化は、内省的文章を書く前後に、質問紙によって測定された。その結果、態度変化は、選択の

範囲が広がるにつれて、大きくなったのである。この結果は、心理的不協和についての仮説的効果を支持するものであるが、さらに、不協和が、大きな社会的論争にかかわる態度にも影響を与えるものであることが伺えるのである。これまでに、カウンセラーと治療参加の魅力を高めるための役割像による自己表現法と、内省的な自己表現法について述べてきた。そして、特定の関係変数、たとえば、選択、遂行、正当性、即興的演技などを、抵抗を示すクライエントに行った場合に、カウンセラーと治療参加に対して、好意的な態度へと変化することが見られたのである。

この方法をさらに変形させて、抵抗を示すクライエントに、治療参加による恩恵と効果を高く評価して相手に伝える、という方法を用いることも考えられる。クライエントは、まず退屈で長々とした仕事に従事した。その後、相手の人に、この作業は楽しくて有益であったことを伝えるように言われたのである。自分自身では信じないことを、相手に伝えることになった訳であるが、しかしその結果、長くて退屈な作業を、結構楽しくて役に立つものだという風に、態度を変化させることになったのである。

これまでに取り上げた3つの自己表現法は、カウンセリングの中で、いつ、どのように、用いていくべきだろうか。カウンセリングにかかわり合う専門家には、実際にはさまざまな人たちがいる。クライエントは、これらの人々の相互作用を通して、自分の個人的態度、これからのカウンセリングについての希望や不安、現在および将来の見通しなどについての感情を表明してくる。したがって、クライエントの食い違う行動を有意義に設定するのは、そのクライエントを担当するカウンセラーだけではなく、すべての専門家の協力によって行われるべきであろう。

第8章
行動論的学習における情報伝達

　これまでに述べてきたことは、生徒指導や学生相談における、カウンセリングへのクライエントの参加のあり方が中心であった。クライエントは、カウンセリングに対する自分自身の態度とは一致しないような行動を、現実にはとるように誘導されたのである。では、カウンセリングへの参加を促進するための、具体的な手段は何だろうか。まずその基本的なものは、カウンセラーとクライエントの間で交わされるコミュニケーションの内容であろう。カウンセラーと治療参加に対するクライエントの態度は、カウンセリングの中で抵抗を示したり、治療的に意義のある参加をしないクライエントの態度と協和しないようなコミュニケーションが行われた場合に、一層好ましいものになることが考えられる。これらのものと不協和を示すようなコミュニケーションが行われることによって、クライエントの選択、遂行、正当性、強化との相互作用にも影響を与えよう。
　クライエントの態度変化、意見の一致、情報伝達などの問題は、彼が始めから維持していた個人的見解と、その後に説得力がある言葉で示される見解との間にずれがある時、ずれた行動の方向へ態度

を変化させることを扱おうとするものである。カウンセラーや治療参加に対して抵抗を感じているクライエントであればあるほど、クライエント自身の考え方と、治療参加に対する積極的な説得による考え方の間のずれは、ますます大きくなるだろう。このずれが大きい時、このような情報のずれを用いて、クライエントの行動を変容させていくことが、この章の本題である。

　ことに、生徒指導や学生相談における、カウンセリングの最初から強い抵抗を示すクライエントに、治療内容に関する情報を与えることは、その抵抗を和らげるのに役立つと思われる。しかし、クライエントの行動選択などの変数が、治療手続きの中で考慮されない時は、直接の説得が問題になるであろう。すなわち、クライエントが最初から持っていた意見と新しい情報との間のずれが大きければ大きいほど、態度変化への抵抗は、ますます大きくなるだろうということである。抵抗を示すクライエントは、より一層、強い抵抗を示すようになるであろう。認知的不協和の状態において、クライエントに情報を与える場合に大事なことは、治療手続きの過程でクライエントを参加させることである。

　手続きの中でクライエントが参加するか否かは、例えば、あらかじめ質問紙を用意しておいて、それに対する反応によって考慮することができる。クライエントの半数には、彼らがすでにとった態度とは反対の情報に関心があるかどうかをたずねて、彼らに、行動の選択について自由な状態にする。別の半数の人達には、これらの情報を辞退する機会を与えずに、情報が一方的に与えられる状態にする。この場合、クライエント自身が最初にもっていた情報と、すべてのクライエントに与えられる情報の間に存在するずれの程度が、直接的な函数として扱われることになる。低い選択条件のもとでの

ずれと、態度変化の関係は、直接的な説得の方法の一つである。クライエントは、自分自身の意見に固執すればするほど、それとは反対の意見に強い抵抗を示すことが予想される。

　情報を与えられるときに、その中から選択できない状況におかれた場合、そのクライエントの認知と行動との間には、ほとんど心理的不協和は生じない。しかし、自分の意見と反対の情報を選択することを余儀無くされた場合には、認知と行動の間には不協和が生じる。そして与えられた情報との間のずれが大きければ大きいほど、その不協和は一層大きくなることが予測される。自分の認知の仕方とは反対の立場をとる状態におかれた場合には、行動と認知の仕方を緩和させるようになるので、必然的に、不協和は小さくなるであろう。例えば、自分の態度と新しい情報を一致させる場合が、これに当たる。不協和が大きければ大きいほど、それを減らそうとする圧力は大きくなるので、その結果として生じる態度変化の量も大きくなろう。

　態度が変化していく過程における遂行の役割もまた、見逃すことのできない要因である。遂行とは、不協和の原因を明らかにし、クライエントの行動変化を促す最適の条件を明らかにするためのものである。それは、情報を与える手段を決めていく手がかりとなるもので、自分の立場とは異なる情報を拒否したり、受容しない態度を大きくするものでもある。これらの変数は、選択や遂行などの変数と同様、クライエントのカウンセリングへの意欲的な参加を促すためには、さらに今後の検討を要する変数であろう。実際のカウンセリング・クリニックにおいて、これらの変数や条件をあてはめて考えると、次のようになる。一般的にみて、カウンセリング・クリニックに来所する人の中の半数ほどの人は、カウンセリングを受ける

ことを半ば躊躇している。あるいは、親や教師に強制的に送り込まれてきた人の場合、なおさらカウンセリングへの抵抗感は大きなものとなっている。中には、来所してインテークの手続きを終えてからも、今だにどっちつかずの不安定な気持で待合室でたたずんでいる人もいよう。このような時、待合室に、もう一人の先客がいて、その人がカウンセラーやカウンセリングについて積極的に受容する内容を話しかけて、肯定的な情報をふんだんに与えてくれたとする。これは直接的な情報伝説法である.

　つぎに、2人の先客が待合室にいて、彼らがカウンセラーや治療内容について話し合っているのを、クライエントが聞く場合である。クライエントは、彼らから自分とは異なる立場の意見を聞くことによって、態度変容の手がかりが与えられるが、これは、間接的な情報伝達法である。さらに、別の場面設定であるが、インテークを終了したクライエントがカウンセリング・ルームの入口で待っているところへ、ちょうど折しもカウンセリングを終了したばかりの別のクライエントが、ドアを開けて出てきたところへ出くわしたとする。そして、ドアのところでカウンセラーと数分立ち話をするのを聞いた場合を想定する。これは、意図的な情報伝達法といえよう。

1　直接的な情報伝達

　あるカウンセリング・クリニックに一人のクライエントが相談に訪れた時、次のような場面に出くわした。すでに来所してきた別のクライエントと、これから受けようとするカウンセリングについて自由に話すという機会が与えられた場合、このクライエントは、何

の束縛も受けずに話したいだけ話をすることができよう。そして相手が自分の話に大いに賛成したり、やさしく言いなおしてくれたり、十分に受容してくれると、一層クライエントは心が開かれる思いがする。その後、相手は、あまり相づちを打つこともなく、沈黙するようになる。この一連の場面は、一種のオペラント条件づけの手続きである、このような場面設定においては、強化期間とオペラント期間を比較してみると、明らかにオペラント期間の意志表明回数が増大してくる。消去期間における意志表明回数は,有意に減少してくる。したがって、これらの会話的条件づけは、十分に意義のあるものと考えられる。

　生徒指導や学生相談のカウンセリングへの参加に消極的なクライエントの場合、抵抗する行動とは異なる情報を与えて態度変容を引き出そうとすることが必要となる。この場合、説得力にあふれた言葉を用いて態度変容を引き出そうとするのではなく、クライエントに別の行動をする機会を与えるのである．

2　間接的な情報伝達

　何組かのクライエントが、そこにいない仲間のパーソナリティについて話し合っている。中には、仲間を中傷する人もいれば、同情的な人もいる。仲間を中傷する人物は、不適応な人で、同情的な人は、環境に適応している人である、という様な情報を、観察する機会が与えられる場合、これを間接的な情報伝達法とした。このような条件の場合、中傷された人は、中傷されなかった人よりも、不適応を示した中傷者を好み、より適応した中傷者は、あまり好まれな

い傾向があった。しかし、中傷された人は、より適応をしている人の発言内容の方に、多くの注目を向けていた。クライエントは、よく適応している中傷者から攻撃をされた場合、その中傷者が大変誤った中傷をしているのだと信じ込むことは、難しいことである。

　不適応な中傷者がクライエントを攻撃した場合、次のような理由のために自分自身を慰めることができる。すなわち、中傷者が他人を批判するとしても、彼は自分自身の不適応な人柄の故に、色めがねを通して見ている。そのために判断が歪められるのだと。また、中傷者は、過去に外傷体験をもっているために、判断という行為に対して、十分責任をとることができない人物なのである、ということ等の理由である。このことを、カウンセリング・クリニックの場合に当てはめてみると、次のようになる。

　あるクライエントは、カウンセリングが始まるまでの間、控室で待っている。その間に、別のクライエントからカウンセラーについて自分とは異なった情報を聞かされる。この場合、もともとカウンセリングに不本意な気持ちで参加しているクライエントは、自分自身の個人的な態度変化によってではなく、情報伝達の源泉である中傷された情報によって、不協和を、ただちに減少させるのである。

　別のクライエントは、カウンセリング・ルームをグループで観察する機会を与えられる。彼らが観察室に向って歩いていく途中、観察室は、観察のためにだけ使われているのではなく、カウンセラー達が休憩する時にも使われることがある、と告げられる。それから観察室に到着すると、2人のカウンセラーが、がん患者に病名を告げるべきか否かについて、話合いをしているところを聞く機会を与えられる。それから一週間後、説得力ある話合いと、それについて聞く機会を与えられたこととの関係を調べてみると、話合いを聞かな

かったクライエントと比べると、聞いたクライエントの方が、コミュニケーションを高く評価する傾向があった。

　このことから考えられることは、クライエントの態度を変化させるために、もともと彼がもっていた意見とは異なる情報を与えることは、基本的には意味のあることだといえる。さらに、クライエントたちは、カウンセラーたちを誠実で誠意にあふれた人物だと評価していた。この結果、間接的な情報伝達法によって意見や態度にも変化が生じることが分かる。

　説得力にあふれたコミュニケーションを聞かされたクライエントが、自分の意見をそれによって変化させる例を、もう一つ取り上げてみよう。対象となったのは、短期大学の寮に住んでいる1年生と2年生の女子学生の2集団であった。寮生が中心となって老人ホームへのボランティア活動をするか否かについての説得力あふれる話合いを、クライエントは聞かされた。この場合、クライエントの半数の者は、自分たちが、たまたまその話合いの場面を一方的に聞いていると信じこんでいた。他の半数の者は、説得力あふれる話合いをしている短大生は、自分たちが聞き手としてそこにいることを知っている、と信じ込んでいた。この2つの条件の場合、そこでの話題がクライエントを熱中させるものであればあるほど、2つの条件間におけるクライエントの態度に大きな変化が生じていた。他方、その話題が、クライエントにとって興味を余り湧かせないものであればあるほど、2条件下における態度変化の量に差は見られなかった。この種の情報伝達者の影響については、カウンセラーとクライエントの治療的人間関係において、さらに検討し、適用していくことができよう。

3　類似性による情報伝達

　これまでに述べた2つの情報伝達法は、集団における人間関係のさまざまな側面において、実際に適用できるものである。しかし、生徒指導や学生相談における治療的人間関係においては、さらに明確な治療効果に結びつく方法を用いることが望ましい。これまでに述べた2つの方法においては、もしクライエントが特定の機会にそれらの情報に接することができたとしても、すぐにそれらを確実に信用して、治療的効果に結びつくものとしていくかどうかは、明らかではないからである。クライエントが、カウンセラーをどの程度信頼していた時に、彼から与えられる治療的情報を受け入れるかという問題が、ここでの重要なものである。

　クライエントは、カウンセラーが妥当な情報を自分に与えていると知覚した時、あるいは、カウンセラーが自信を持って自分の治療的情報を与えようとしていることを知覚した時、それらによって大きな影響を受けることが予測される。一般的にみて、信頼性の高い情報とは、例えば権威ある医学専門雑誌からの記事などであり、他方、信頼性の低い情報とは、一般大衆向けの週刊誌からの記事などであろう。

　ある普通高校で、授業の一部として講演会の演者の話を聞く機会が用意された。講演者は、非行少年の処遇は寛大に行われるべきであるというテーマについての講演を行った。クライエントたちは、講演者を家庭裁判所判事と教示されていた集団、放送局の視聴者からランダムに選ばれた人と教示された集団、それに、講演者を、若い頃非行を犯し、そのために最近仮出所した人と教示された集団の3

群に分けられていた。講演の前後に質問紙が渡された。この結果、講演者の非行に対する寛大な意見の方に大きく態度変化を起こしたのは、講演者を社会的に評価の高い人という教示を受けた集団のクライエントたちであった。言いかえれば、信頼性の高い人から語られた内容の方が、行動変化に大きな影響力を与えたのである。このことをカウンセリングの場に適用すると、カウンセラーの経験年数、信頼性、意図するところの情報などによって、クライエントの反応の潜在的強度が変化して、行動変容のレベルが上昇したと考えられる。

　自由な選択条件のもとでは、クライエントは、最初にとっていた自分の立場と、情報を与えられてとる立場とのずれが大きければ大きいほど、コミュニケーションによる態度変化も大きくなる、ということについては、すでに述べた。態度変化に関する大部分の研究は、上記のずれが極めて大きい時や、そのずれがクライエントの受容範囲内に無い時は態度変化がほとんど起こらないとしている。すなわち、自分の立場とは極めて異なる意見の方へ変化させようとすると、クライエントはそれを拒否し、自分本来の立場を固持しようとするのである。態度変化を強く否定するクライエントは、カウンセラーや治療参加そのものを中傷する傾向がある。したがって、カウンセラーは、選択の自由をクライエントに多く与えることによって、これらの危険を避ける必要がでてくる。さらに、クライエントに信頼性の高い人物から、説得力あふれるコミュニケーションを与えることによって、これらの危険を避けることもできよう。

　一般的に、信頼性の高い人から情報を与えられた場合、態度変化の量は、もとの自分の意見との間にずれの量が増えるにつれて大きくなる。信頼性は、普通程度の人から意見を聞かされた場合には、

意見の変化は、ずれの量が増えるにつれて減少する。そして、ずれの量が非常に大きくて、そのためにほとんど態度を変化させないクライエントは、信頼性が普通程度の人を内心で軽蔑する傾向がある。

　これまでに述べてきたことを要約すると、生徒指導や学生相談において、カウンセリングを受けることに抵抗を感じているクライエントに、カウンセラー及び治療参加を好ましいと思うような情報を与えることによって、カウンセリングへの再導入を計ることであった。そして、具体的には、第三者から治療的情報を与える方法や、クライエントに治療的情報の選択の自由を与える方法などをとり上げてきた。実際問題としては、これらの治療的情報による態度変化の手続きを、すべてのカウンセリング手続きに取り入れることには無理を生じると思われるが、しかし、治療的情報の選択とか、情報提供者の信頼性とか、遂行・正当性・強化などの変数を、治療現場で考慮することは重要であろう。これらの変数の適切な応用によって、クライエントがカウンセリングをさらに魅力的なものと感じたり、より好ましい治療関係が形成されることになれば、クライエントのカウンセラーを受容しようとする意欲をいっそう高めることにつながるものだからである。それは、クライエントの治療参加の態度を、よりいっそう生産的なものにするといってもよいであろう。

第9章
生徒指導と学生相談の特質

1 行動変容の要因

　一般的にいえることは、産業界で用いられる入力とは、管理者が労働者の諸能力を判断して決めるもので、賃金と労働の交換に対する労働者の貢献度によって決定される。例えば、教育年数、経験、技能、年功、努力の如何なども考慮の対象とされる。労働と賃金の交換は、他の労働者が彼をどう知覚するかといったことは問題ではなく、労働者の職務に関する結果として認知される賞によって行われるといえる。その賞は、報酬、年功給付、管理手当、能率給などのほか、事務所の床にカーペットを張ってもらうこと、個人用の駐車場を与えられることに至るまで、さまざまなものが含まれよう。
　出力は、労働者がこれらの交換をどのように知覚しているかによって決まる。これらのものを、カウンセリングの場面に適用させていこうとするのが、この節の目的である。クライエントがカウンセラーに対して感じる魅力は、クライエントが治療参加した時に与えられる過報酬によって、認知的不協和が生じた場合に高められる。

この場合、治療に対して消極的なクライエントに、カウンセリングを継続させるための方法として、これまでのような強化による賞を与えるのではなく、過報酬を与えることによって、認知的不協和を喚起させようとするものである。過報酬の例としては、クライエントに都合のよい治療時間を用意する、インテークの時、最も早い時間帯に入れる、自分の希望するカウンセラーを指定する、などがあげられる。これらの過報酬は、非治療的なクライエントに対して、不協和喚起の役割をするであろうと思われる。これらの出力と入力の交換という考え方は、さまざまな種類の人間関係、例えば親と子、教師と生徒、雇用者と労働者、夫と妻などの間においても、当てはめることができる。これらのさまざまな対人的交換を基盤にして、さらに、カウンセラーとクライエントの治療的人間関係について考えてみよう。

　治療を受けることに不本意なクライエントにとって、最初の入力は、カウンセリングの最初の回に出席することである。この場合、カウンセラーの干渉によって、過報酬が与えられるとしたら、クライエントが知覚する治療の結末は最悪なものとなろう。クライエントは、カウンセリングに通ってきていながら、自分はさっぱり快方に向かっていないと感ずるからである。このような状況においては、クライエントの内面において、バランスのとれた、協和した公平な交換が行われている。なぜならば、カウンセリングへの初回参加という入力と、治療結果のレベルが共に低いからである。したがって、このような場合に、上に述べたような方法により、治療参加に不本意な気持ちのクライエントの低い入力に対して、もっと素晴しい治療結果についての可能性を示す必要がある。そうすれば、そこには不公平な交換が生じ、認知の間に不一致やずれが生じ、そのことが

クライエントに満足な認知的不協和を喚起することになる。入力と、治療結果の出力との間には、かなりの関連性があると考えられよう。

　ここにおけるかなりの関連性とは、関係集団、共同作業者、友人仲間、親類など、いずれの場面においても見られるものである。したがって、これらの一般的な社会的場面においても、その集団の中での規範がうまく成し遂げられなかったり、集団からの期待を成就できなかったり、自分の入力と結果がほかの人だちと比べてバランスのとれていないものと知覚したりすると、そこに交換における不公平な感情が生まれてくることになる。人は、つねに他人と自分の入力と出力の結果を社会的規範から比べているものである。人は他人の入力と出力を知覚する場合に、心理学的にみて、それらと相対的な関係で知覚する。そして、いつでも報酬は通常、行動変容のレベルの低下をもたらすものである。

　したがって、カウンセラーがクライエントに過報酬を与えるばかりではなく、他のクライエントが自分と同じようには扱われていないということを感じさせることも、治療的には意義のあることといえる。これらの不公平な治療の交換における社会的比較の役割は、さらに追及する必要があろう。クライエントが治療を途中で無断のまま止めてしまう場合があるが、これは治療集団の中でカウンセラーとクライエントの関係の一般的レベルと比べて、自分たちの治療関係をよくないと知覚する時に多く見られる。すなわち、治療集団の中のカウンセラーとクライエントの対人的知覚において、自分の場合、治療結果がはかばかしくないと感ずることにより、そのために不公平だと感ずるのである。この場合の不公平さ、すなわち認知的不協和を軽減する一つの方法は、カウンセラーそのものを中傷することであり、治療そのものを拒否することになる。これらのクラ

イエントが知覚する不公平さの特徴には、さらに付加性という側面が考えられる。

　本質的には、治療における入力も、結果としての出力も共に付加的な面をもっている。クライエントの総入力は、一つ一つの入力を増減させることで成り立っている。これと同様に、彼が示す治療結果への総出力は、一つ一つの結果を増減させることによって成り立っている。例えば、クライエントが治療場面で不公平を小さくするためには、自分の入力を大きくしなければならないことを知覚したとする。そうすると彼は、自分でさらに努力をしようとするばかりではなく、治療場面でカウンセラーから与えられる付加的な教育や訓練をも習得しようと考えるようになる。これらの付加性の問題は、実際のカウンセリングにおいては、具体的な過報酬の手続きや、クライエント集団の適切な人数の決定とも関連をもってくる.

2　行動変容の相対性

　人は、他人と比べて自分の方が物とかお金とかを多く与えられすぎていると知覚する時、自分の入力を増大させることによって、不公平の結果生じた感情を和らげようとする傾向がある。これらの傾向を詳しく扱うために、この節では、調査の中で、まずクライエントを2群に分けておく。一方の集団には過報酬が与えられ、他方には公平な報酬が与えられる。前者の条件では、自分たちの経験が足りないのに仕事を与えられて、経験の十分にある人たちと同様の報酬を受ける条件が設定される。後者の条件では、自分たちが経験を十分積んでいる仕事に対して、十分な報酬が与えられる条件が設定

される。前者の条件におかれた人々は、例えば、自分の経験を十分に高めようとするよりは、より高い生産性をあげて、自分の中の不公平の感情を緩和しようとする傾向を示す。

　このことをカウンセリングの場面にあてはめてみると、次のようなことがいえる。カウンセリングに不本意なクライエントは、不幸にして、あちらこちらのクリニックをたずねまわることがある。彼は、もっと治療効果の上がるクリニックはないか、もっと適切なカウンセリング・ルームは無いものかと、探し求めて歩きまわる。この種のクライエントが、カウンセリングを受けることに強い抵抗を示したり、不本意な気持ちから治療に参加していればいるほど、カウンセラーはこれまで、肯定的な意味で彼を特別扱いしてきた。したがって、過報酬を与える傾向も少なかった。カウンセリングに抵抗は感じているが、もっと自発的で、あいまいな気持ちの少ないクライエントは、カウンセラーが自分に公平な行動をとるか、それとも不公平な行動をとるかについて、ある程度彼なりの知覚的な予想を抱いてカウンセリングに参加しに来る。そして、カウンセラーとの最初の出会いで抵抗を感じたクライエントが、カウンセラーに報酬過少の状態におかれればおかれるほど、不公平を知覚することになる。そのために、現実の過報酬をもっと小さくする必要がある。

　過報酬の条件におかれたクライエントが、高い生産性を示そうとする傾向については、これまでにも述べた。ここで彼が高い生産性を示そうとしたのは、彼が過報酬を与えられたためではなく、過報酬を軽減されたことによって、自分の仕事が他の条件の人と比べて不公平で不安定なものだと感じたためかもしれない。過報酬による生産性の増大を、カウンセリングにおけるクライエントの治療的生産性にまで拡大するためには、カウンセリングを継続しているクラ

イエントの行動を、より一層質のよい行動に変えていく面から追及する必要があろう。カウンセラーとクライエントの人間関係を、少しでも積極的なものにすることも、その目標の一つといえる。クライエントの入力、すなわちカウンセラーに対して感じる魅力の質と量を高めるための努力が必要となる。クライエントのカウンセラーおよびカウンセリングに対する魅力、すなわち入力を変化させる手段として、不公平さを軽減しながら、認知的不協和を喚起することがその有力な手段といえよう。

3 行動変容の指向的特性

いかなる場合にも、人間にとって不快な事柄、すなわち有害刺激は行動変容への作用を働かせ、これを除去しようとする強化作用をもつことが知られている。ここで対象とするクライエントは、治療の参加に初回から不本意であり、極端に抵抗を示す人である。このようなクライエントをカウンセリングに導入していく場合、カウンセラーとクライエントの間にどのような障害が存在するだろうか。カウンセラーとクライエントの人間関係は、一般的な日常生活におけるそれと比べると、非常に特殊な形の相互作用である。それは、長い年月にわたる条件づけとか文化的背景などによって形成されるものだからである。

したがって、ある社会的背景の出身者であるクライエントに対して、カウンセラーは何をすることができ、何をすることができないかを明確にさせる必要がある。これまでに述べてきた治療参加の方法は、例えば、青年後期の非行少年の治療に用いようとしても、効

果を上げないことがある。そのために、彼らの集団カウンセリングにおいては、もっと想像力に富んだ方法が必要になる。そこではこれまでに述べてきた役割演技の方法ではなく、独自のカウンセラーと治療者の関係概念を発展させるものである。

　清野（1970）の研究で対象とした少年たちは、すべて矯正施設に収容されている人たちであった。彼らは、非行歴がかなり長く、カウンセリングには極端に抵抗を示す人たちであった。カウンセリングの初期、中期では、カウンセリングと呼ぶにふさわしいものではなく、少なからず強制された状態で行われた。この中で、少年たちはカウンセラーと共に一つの机に向かい、自分の体験を語り、カウンセラーは注意深く彼らの話を聞いた。カウンセラーは、このクライエントたちとの人間関係において、まず、支持的、養育的、やすらぎの感情を育てることに十分の配慮をした。そこでの話合いは、カウンセラー対クライエントの関係からではなく、人間同士を基本において行われることを目標とした。そこでの一つ一つのテーマについては時間を充分過ぎるほどかけて行われた。カウンセラーも、職務上の地位に留まることなく、人間として同じ立場から話し合いに参加した。そこでは、お互いが極めて内省的な時間を過すことができた。うわべだけの治療関係だけでは、非行少年の治療に際して、到底彼らを心底から治療に参加させることはできない。

　このカウンセリング場面において、過報酬の現象については、クライエントの入力つまり、治療への魅力よりも、不釣合いなほど、彼らは高い治療結果に到達したと感じていたのである。また、彼らは自分たちが特別な形態のカウンセリングに参加していることに関して、過報酬を与えられていると知覚していた。

　クライエントの行動に何らかの変化を起こすものの中で、とくに

重要なものは誘発因である。例えば、矯正施設の中で善良な行為をした者に与えられる賞、請負作業に対して払われる支払いなどは、いずれも行動に影響を及ぼすことを目的として、誘発因を操作するものである。治療を行わないのにクライエントの症状が回復する場合、クライエントの前に別の行動反応への新しい誘発因が現れたことによることもある。それによって、回復が促進されたのである。

　カウンセリングの中でクライエントの行動に少しでも早く変化を起こすための、一般的な行動変容を起こすものとして、フラストレーションがある。行動変容を起こすための特定の活動動因として、フラストレーションを目的とした剥奪と葛藤がある。例えば、これらの手続きで誘発しようとするクライエントの行動は、極めて服従的なクライエントに恐怖刺激が与えられ、のんびりしたクライエントには時間厳守が言い渡され、恥ずかしがるクライエントには社会的活動に積極的に参加させ、傾眠患者には睡眠減少の処置がとられる、という様に、規制されるものである。これらの剥奪や葛藤は、数回に渡ってクライエントに与えられ、報酬の減少とか返還の手続きがとられることもある。クライエントは、これらの処置や手続きによって、ストレス状態に追い込まれるが、カウンセラーは、治療外の重要人物、たとえば親とか教師とかに仲介的にクライエントを受容してくれるように依頼する等の行動をとる。これらの方法によって、クライエントの利益になるような誘発因が強化され、行動受容への手がかりが得られることが期待される。

　極く平均的なクライエントにとっては、受容や許容的なカウンセリングの方法が有効であるが、治療を受けることに対して極端に抵抗感を抱くクライエントに対しては、有効に働かないことがある。このような事例においては、上記のような誘発因や剥奪や葛藤など

を適切に用いることによって、クライエントの治療的学習経験を豊かにすることができる。ひいては、それによって、治療期間の短縮を計ることも可能になるのである。

4　行動変容の一般性

　これまでに述べてきたように、クライエントの行動の一般的エネルギー水準に関する事柄で、どんな形の行動が起こるかについて考察してきた。行動変容は、動機づけや動因のような用語よりも、とくに行為をおこさせるという意味で用いられている。カウンセリングにおける対人的学習や知覚の過程において、クライエントがどの程度積極的に行うかが問われている。彼が何を行うかはむしろ二次的な問題である。動因刺激の指向的特性を認めるとすれば、真の行動変容の因子は、クライエントの反応目録のすべてに影響を与えることになるだろう。おそらく、行動変容の一般性を示す最もよい例は、人間の不安という例である。質問紙で高得点をとるという形で定義される高水準の不安をもつ人々は、低水準の人々よりも、多くの単純な反応を、より強く行う。例えば、彼らは、多くの簡単な言語的学習作業では成績がよい。ここでも、質問紙の得点と言語学習の成績の間には、それが一般的な行動変容水準に関係するという以外に、生得的ないし獲得的な直接的関連はないようである。

　これまでに、生徒指導や学生相談における、カウンセリングの治療的人間関係を改善する方法として、クライエントにさまざまな操作を行うことによって、治療効果を上げる問題をとり上げてきた。カウンセリングに魅力を感じさせるためには、カウンセラーとクラ

イエントの双方の魅力を高めることも必要である。したがって、カウンセラーに対してクライエントが感じる魅力の操作は、カウンセラーがクライエントに対して感じる魅力の操作に等しいということができる。この二者による人間関係は、別の言葉でいえば、相互的で、かつ偶然的なものである。この人間関係においては、それぞれがお互いに相手の行動の原因となって作用しあう。この相互的、偶然的な人間関係においては、カウンセラーが特定のクライエントに対して示す感情や行動は、そのカウンセラーに対してクライエントが示す感情や行動と関数関係にあるとも考えられる。

　魅力の相互性については、友好的なクライエントは、非友好的なクライエントよりも、カウンセラーのもつ友好さを、より有意に多く自分の内面に引き込もうとしているように思われる。例えば、支配的で友好的、支配的で敵対的、依存的で友好的、依存的で敵対的という4種類のクライエントに対してカウンセラーが治療にあたったとする。その結果、、治療終結後、観察記録をまとめてみると、クライエントの友好性は、敵対性よりも、カウンセラーの友好性を、より多く有意に呼び起こしている場合が多い。さらに、カウンセラーとクライエントの相互作用で、特に相互的偶然性という性質についてみると、支配的クライエントの行動が、依存的行動よりも、カウンセラーの依存性を有意に多く喚起していることがわかる。クライエントがカウンセラーの感情と行動に影響を及ぼす事実について、別の例を考えてみよう。

　例えば、初めてカウンセリングを受けにきたクライエントについてカウンセラーが感じた魅力の程度と、治療を受けることに対してクライエントが示すカウンセラーへの関心の程度は、クライエントの予診評定や動機づけ、クライエントの自我強度、洞察、社会的適

応性などと関係がある場合が多い。クライエントの行動特性が否定的な場合は、カウンセラーに対して、より多くの不安を感ずる傾向が見られるのである。

　クライエントがカウンセラーに対して、直接、敵対心を向けてくる場合、クライエントの敵対心の表現を許容し、かつ励ますことは一般的に行われている方法である。しかし、この場合、カウンセラー自身がクライエントに自分の敵対心を直接に表現する性質の人であり、是認への欲求が低い場合も実際には存在しよう。そして、カウンセラー自身が、敵対心を直接に表現しないで、是認の欲求が強いカウンセラーの場合は、クライエントの敵対心を激励し、許容することが、前者のカウンセラーよりも難しいという場合もある。

　このように、カウンセラーが自分のクライエントに対して示す行動にも、重要な側面がいくつか考えられる。その一つは、クライエントの特性への敏感さということである。クライエントの示す行動が、カウンセラーを葛藤状態に陥れることは、さほどまれな事ではない。このような時、このような行動に対するカウンセラーの反応が相対的に非葛藤的な面に反応するよりも、治療目標からみて、葛藤的な面に直接反応する方が、より適切であろう。カウンセラーの肯定的あるいは否定的な感情と行動は、ともにクライエントの側の特定の肯定的あるいは否定的な特性によって生じるものであることが予測されるからである．

　クライエントの行動変容は、行動の一般的エネルギー水準に関する問題であって、どのような形の行動が起こるかという問題には関係がないことは、すでに述べた通りである。カウンセリングの中でクライエントが行動変容を、どの位のエネルギー水準で行おうとしているかを、カウンセラーは常に見極めていなければならない。そ

して、クライエントとの間の相互的偶然性を確認することも重要であろう。その場合、例えば、反対感情の転移にも関心が払われるべきであろう。精神分析の中での治療者と患者の治療的人間関係は、精神分析家にとっては、分析すべきものとしてよりは、むしろ二方向のダイナミックな相互関係を重要視しているのである。したがって、結局、カウンセリングの中でクライエントがカウンセラーに対して感じる魅力を高めるために、行動変容の水準を引き上げるには、クライエントがカウンセラーを、より好意的に認知できるようにする手段を積極的に導入していくことであろう。そこにおいては、これまでに述べたように、さまざまな喚起刺激の相対的強度を考慮して、そのクライエントに特有の反応を引き起こすための配慮をすることも、さらに効果的であろう。

第 10 章
生徒指導と学生相談の実践

1 行動変容と学習現象

　生徒指導や学生相談における行動変容と学習の心理学的現象は、いろいろな側面で関連しあっている。まず、いくつかの刺激は、学習を通して、いわゆる二次的行動変容の因子としての特性をもつようになる。つぎに、行動変容の効果は、学習の基本的過程である強化と結びついている。そして、治療的学習の成果は、行動変容の水準の関数である。すなわち、ある場合には、学習の量や性質は、その時のクライエントの行動変容の水準に依存している。さらに、治療的学習と行動変容は、治療成果や行動を変容することのできる重要な方法であるから、通常、対応しつつ作用しあうものである。したがって、この合同作用の働きを明らかにすることは重要であると考える。

　クライエントの治療にあたっていて、たびたび出くわすことは、クライエントの悩んでいる問題がその人の経験の過般化による反応として生起してきているということである。例えば、父親から絶え

ず口ぎたなくののしられてきた娘が、その経験から、男というものはくだらないものだ、と結論づけるがごときである。学習心理学における行動変容の現象は、極めて経験的な歴史をもった分野である。例えば、弁別は刺激に対する反応が類似していない時に、より早く習得される。このことをクライエントの場合に当てはめてみると、クライエントは他人を弁別する場合に、その人の特性が他の人のそれと非常に異なった側面に関して弁別する方が、より早い学習が行われる。

　概念学習もまた、カウンセリングの中で重要な根源となる。例えば、カウンセリングのための学習が治療の前に行われるか、もしくは治療期間中に行われるかは、抵抗の形態に依る。この抵抗という概念を学習することが期待されている。したがって、概念達成の研究は、多くの側面でカウンセリングに関連しているといえる。人は、概念の規範となる情報を有益なものと考えるが、与えられた情報が自分の既知の概念に含まれていないものであれば有益とは考えない。また、人は情報を利用するときに、数多くの条件が与えられると、それを用いる場合に困難をきたす。これらのことは、治療的学習を促進する上で、重要な手がかりを与えてくれるものである。このことから、概念達成は、カウンセリングの事例においても、直接に関連のない条件が最小に減らされた時に、より早く達成されるといえよう。

　実験室における行動変容の研究は、動物実験などの一次的行動変容に重点がおかれているために、一種のもどかしさがある。人間の行動は複雑なので、実験室的用語では説明できないこともある。しかし、学習の結果得られた二次的行動変容の因子を注意深く考察すれば、行動の複雑な側面のいくつかを推論することができよう。そ

して、学習心理学の基礎理論をカウンセリングや心理療法に適用して、弁別学習、概念達成、強化手続などを生かすことが試みられてよいであろう。

　生徒指導や学生相談の中で、クライエントがカウンセリングにおける対人的関係を学習することは、特殊な行動あるいは、生活の中の新しい見通しができることであり、学習の成果と概念づけることのできる個人内の変化を起こすきっかけになることも期待される。ここでは、カウンセリングにおける治療的学習現象の意味するものを明らかにするために、学習過程の基礎理論について、なおいっそうの理解を深めることにする。

　カウンセリングに大きな影響を及ぼす基礎理論の一つの分野に、学習の転移がある。学習に関する研究は、ほとんどすべての刺激が、すでに生得的もしくは先行の学習経験によって何らかの反応を喚起するため、極めて複雑な内容を扱うことになる。過去経験が現在の学習に影響を及ぼすことを転移とよぶが、学習心理学の基礎概念の中で、転移ほど重要な問題はないといえるであろう。

　学習における転移現象は、それ自体、教育や運動学習、体育、言語訓練などの分野ですでに多く扱われてきたものである。それらの諸分野において、行動修正の目的で実践的な研究が広く行われている。カウンセリングにおける学習の転移は、治療の中で習得された習慣が、治療以外の生活場面の中でも行われることである。クライエントにとって、カウンセリング場面以外の日常生活においては、自分自身の主訴とか障害などのために、行動が大いに制約されている行動技法を、現実生活の中でも新しい反応様式として現実化させる必要がある。そのために、カウンセラーは彼に力の限りの援助を与えるのである。

クライエントが、カウンセラーに対する反応の仕方を学習し、その後、治療場面以外の人に、それと全く同じ方法で反応するとしたら、弁別学習がうまく行われなかったことになる。また、カウンセリングの中で習得された反応保持の問題もあるが、これらは、現実の治療場面において、さほど大きな障害になるとは思われない。なぜなら、反応の保持は、その後に続く強化の手続と関連してくるからである。とくに、治療の中で学習される反応が、後で習得される反応の保持に、全く同じ影響を及ぼすことは余り考えられない。
　カウンセリング場面から、それ以外の場面への転移現象は、治療中の刺激とよく似た刺激がそれ以外の場合に生ずる特殊な反応によって、治療的な学習転移が生ずるものをいう。治療場面の中で反応を起こさせる手がかりとか符号を用いて、種々雑多な刺激を分類することをに媒介的般化という。もし、カウンセリングを受けているクライエントが、特定の場面での自分の感情を敵対的なものと認知し、それに特定の符号をつけることを学習したとする。すると、同じ符号をつけられる他の場面でも同じような反応が生ずるに違いない。カウンセリングの果たすべき役割の一つは、反応を生起させるための適切な手がかりを与えることである。そこには、明らかに弁別学習も介在するであろうし、符号をつけることによって、刺激の特殊性を促進することもできるであろう。
　例えば、クライエントが、自分のある種の恐怖を正当化されないものという分類に入れて、彼なりの符号をつけたとすれば、彼は、現実的な恐怖からそれらを区別し、弁別できるようになると予測されるのである。転移現象の分析は、一般的には、そこで行われる事柄の刺激と反応の間に見られる類似性に関して行われる。カウンセリングを例にとると、クライエントは、カウンセラーに対して学習

した行動様式を、それ以外の場面の人たちに同じような反応の仕方で行動することを学習する。実際には、刺激に対する類似性を構成するものは何かが、まず解明されなければならない。そしてまた、転移を促進させるためには、過剰学習の面でも完全なものである必要がある。例えば、学習が、それに関する一般原理を十分に学習する前に中断される時は、転移の生起は極めて小さいものとなる。カウンセリング実施中に、クライエントが夏休みなどのため、治療が一時中断することなどは、よくある例である。

　学習は、クライエントの行動に変化を生じさせるためのものであるが、より多くの学習場面と、より広い行動範囲を常に用意しておくことが望ましいのは、上記のような理由によるものである。もし、カウンセラーが、クライエントの権威的人物への習慣的な反応形態を変化させたいと思う時、原学習の場面に転移現象を確実に生じさせるためには、クライエントの抱いている権威的人物像以外の刺激を、数多くの試行の中で取り入れていくのである。

　カウンセリングにおける弁別学習は、むしろ、原学習の程度と般化の間のさまざまな問題を提供している。原刺激の学習が行われるにつれて、般化傾向も上昇する。しかし、もし原刺激の学習が非常に高いレベルにまで達すると、別の刺激への反応般化は減少してくる。原学習の般化のレベルの複雑な性質は、適切に用いさえすれば有用なものであろう。カウンセリング場面で、カウンセラーという特定の人物に対する特定の反応の仕方をクライエントに学習させることは、余り治療的意味のないことである。カウンセラーは、むしろ、クライエントが適切な反応をいろいろな場面でとることができるように、援助するのである。

　ここで現実的に問題となってくるのは、原学習でクライエントに、

たった一つの刺激を与えるべきか、数種類の刺激を与えるべきかということであろう。実験場面での一般的な結果をカウンセリングに当てはめれば、クライエントは、数多い例をたった一度提示されるよりは、適度の回数にわたって例が示されたり、数回繰り返して提示される方を、より好む傾向がある。学習の転移は、まず学習態度の形成に関係しているといえる。我々が新しい行動様式を習得する場合も、一度習得してしまえば、その後のさまざまな行動に転移していくのである。一般的な習慣や反応様式は、特定の問題解決能力や反応習得の能力を向上させるもののように思われる。したがって、適切な条件のもとで、人をある特定の困難に立ち向かわせ、激励することは、よい結果を生む可能性もある。

　生徒指導や学生相談のカウンセリングにおける学習態度は、転移現象を起こす大きな要因の一つである。クライエントは、治療的学習の結果、失敗をするまで同じ選択を繰り返すが、失敗を認識してからは、反対の選択をすることができるようになる。したがって、カウンセリングにおける治療的学習の効果を最大にするためには、学習態度の改善をまず計ることが先決といえよう。

　カウンセリングの中で生起する治療的学習のほとんどは、特定の行動様式の習得であり、それは、適切な手がかりが与えられて、促進されるものである。そのよい例が内省的反応である。生徒指導や学生相談のクライエントの多くは、自分の動機や自分自身の行動を治療の中で知ろうとして内省的になる。あるいは、その態度が別の場面に転移して、そこでも同様に内省的になる。これらの問題を、学習の脱制止効果とカウンセリングとの関係を通して、さらに高いレベルで考察してみよう。

　生徒指導や学生相談におけるクライエントの多くは、カウンセリ

ングが進むにつれて、自分自身の主張をほとんど制止しないようになる。そして、そこでの脱制止は、治療の枠をこえて、クライエントの日常場面にも転移していく。転移現象は、カウンセリングの仲介反応が発展した結果起こる。例えば、そこでは、カウンセリングの中での仲介物が学習されていく。したがって治療的学習の問題は、結局、練習の問題であるともいえる。ここで我々の関心は、第2の学習内容に転移した成果の程度に向けられてくる。もし我々が、一つの問題行動の治療を進めたいと願うなら、それ以前に、その問題行動を引き起こしている原因である個々の問題をどれだけ部分的に改善していくか、また、問題行動そのものに集中的治療を行うことによって、より大きな成果を上げていこうとするであろう。この場合、一つの問題行動を形成している個々の学習をどれだけ習得していくかに、その成否がかかっている。すなわち、将来、転移するかも知れないという見通しだけで、遠回りな学習のアプローチをすることは全く無意味であろう。また、これらの学習とは別に、高度の訓練が要求されるものもある。これらの学習場面では、誤りが多いと学習の初段階で、すでに直接の治療的訓練が行われない場合もある。したがって、カウンセリング場面においては、まず安全な学習の場面を作り出す必要がある。カウンセリングの治療場面においては、クライエントの犯す誤りが重大な結果を引き起こすことのないように十分な配慮が望まれる。これらの重大な誤りを防ぐためにも、カウンセリングにあたる専門家の養成には、十分な時間がかけられなければならない。また、学習目標が一般的に知られたものでない場合には、批判的学習という方法も用いられる。

　例えば、英語を早く習得したいという目的だけでラテン語から学びなおす者はいないだろう。むしろ、英語という言語の性質や文化

的遺産について、まずは広く一般的に理解した方がよい。ラテン語もまた、将来その他の言語を学習する時に役立つだろうという考えもあるが、直接的には現在の学習成果に結びつかないのである。他方、幾何学は数学の分野を学ぶためばかりではなく、思考の発展を期待するがために教えられていることもある。もし、幾何学と批判的思考を学習することができるなら、そうする方が優れているに違いない。

　生徒指導や学生相談における、カウンセリングの治療場面においては、その治療目標は、例えば、母親に対して、より適した反応の仕方ができるようになるとか、もっと日常生活の中での行動様式を変化させることができるということに焦点が当てられる。あるクライエントの努力が、母親との人間関係や相互作用の改善に向けられている場合でも、カウンセラーは、クライエントが日常生活の中で、全体的な適応的行動ができるように治療的学習の機会を与えていくことの方を重視するであろう。

2　学習現象における段階設定

　生徒指導や学生相談におけるクライエントの新しい行動の習得の過程は、通常、連続的な経験や試行によって起こる行動の変化の累積的過程である。したがって、それ自体一つの正の転移の例であるとみることができる。通常の学習では、事態は恒常的であり、このことは、正の転移が刺激条件の類似性に依存していることを暗示している。刺激般化の現象も、正の転移の一例である。換言すれば、ある刺激についての訓練は、類似の刺激に同じ反応をするような訓

練の中で、相談場面の学習者に利益をもたらすのである。

　相談場面における転移の現象は、一般的にはゼロを中心として正から負までの領域で起こると考えられる。すなわち、ある反応の習得は、ある場合には後の学習を促進し、またある場合には何ら促進しない。またある場合には、後の学習を明らかに妨害することも起こる。カウンセリングで習得された行動は、時として、カウンセリング場面以外の行動に何の影響も与えないように思われることもある。

　これとは別に、一般の学校教育の場面においては、カウンセリングで習得された行動様式が転移をして、好ましい適応行動に結びつくことも多い。しかし、カウンセリングで学習される反応は、現実には、治療場面以外の望ましい行動に負の転移をしていく可能性をも有している。例えば、カウンセリングで行われる内省は、治療場面内では望ましいものであっても、その他の日常場面ではクライエントにそれほど望ましくないものもあり得るのである。

　ある学習と別の学習との間の刺激および反応が同一の場合に、正の転移が最大となり、反応は一定に保たれていても、刺激が異なるほど、転移の程度は減少する。同様に、学習間における刺激が同じでも、反応が異なる場合には、負の転移が生じる基本的条件になる。反応が互いに矛盾するようなものであれば、負の転移の程度は増大する。言語学習場面において、一定の言語刺激と組合わされる特定の反応を、単語から手の動きに変化させることは、負の転移よりもむしろ、正の転移を引き起こす。なぜならば、他の一般的反応が同じで、刺激が同一で測定される反応は、両立可能だからである。正の転移の場合と同様に、技法や原理が、特定の反応と同様、媒介的役割を果たしているものと思われる。すなわち、技法や原理の非類

似性は、それらが両立不可能であるならば、負の転移をもたらすであろう。

カウンセリングにおける治療的学習において、転移は意味ある概念であるが、他方、現実生活からカウンセリングへの負の転移という問題も生ずることがある。カウンセリングを受ける以前に習得した習慣が、カウンセリング場面に転移され、カウンセラーとの現実的な人間関係を妨げるのである。カウンセラーからクライエントに転移する望ましい態度や反応は、経験をつんだ専門家に接することによって形成される。このような態度が非現実的なものかどうかを決めることは難しいことと思われるが、ここで重要なことは、転移の概念がカウンセリングとはっきり関連づけられているということである。

転移現象は、治療場面から治療以外の場面さらには、治療後の生活へと関連づけられていくことを提案したい。カウンセリングの中で行われる学習や変化が、治療外場面の中で繰り返されるための条件が、今後もさらに明らかにされていくことが必要となる。これまでに、治療施設や病院で行われてきた、外部の行動とほとんど関係がないような観察は転移の失敗という簡単な言葉で片付けられてきた。治療場面で習得された行動は、他の場面でも繰り返されるとは限らない。治療現象は、疑いもなく正当な、明白なものであり、それらは一定の規則に従っているものである。

したがって、上で扱ってきたような反応が、どのような場面で般化されるのか、また転移されるのか、そして、遂に転移しない場合の条件は何かなどは、今後解明していくことが期待される。生徒指導や学生相談のカウンセリングの中で、何らかの法則を得るための最初のアプローチとして、他の行動習慣への転移に関する追跡も有

用であろう。

　現実の臨床的な場面において習得された反応が、日常生活場面の行動に有害となるのは負の転移であるが、ここでは一応それを除外して考えてみる。ここでは、我々がもっと切実に体験している転移の失敗について、取り上げてみよう。カウンセリングのような刺激場面が、クライエントにとって、普段の日常生活場面と非常に異なることは明らかである。さらに、カウンセラーに関していえば、彼自身がそれほど異様な人物ではないにしても、クライエントにとっては、極めて異例な人物であろう。とくに、そのクライエントが、カウンセラーと社会経済的背景が大きく異なる場合は、なお更のことであろう。ここで、転移現象がカウンセリングの中で果たす刺激的特質は何かについての疑問が生じてくる。

　生徒指導や学生相談のカウンセリング場面と日常生活場面は、明らかに違っているので、カウンセリング場面の最適の条件の時でも、この両方の場面に適している反応が常に繰り返されるとは限らない。言いかえれば、治療以外の場面での反応の特徴が、常に治療場面に転移するとは限らないといえる。また、二つの場面での強化は、それぞれに異なったものである。この双方の間に差があれば、クライエントは、ある一定のレベルでその刺激に反応するようになる。しかし、カウンセリングの内外で強化される行動がそれぞれ別のものであるならば、クライエントは、その行動の弁別を学習するようになる。

　カウンセラーが治療中に敵意の表現を強化したとしても、その反応が、別の場面における同様の強化によっても生ずるとは限らない。ある女性のクライエントの夫は、彼女のカウンセラーとしての立場から彼女の敵意を完全に許容することはできないだろう。治療的学

習の転移が失敗した時は、治療場面以外での強化の随判性を導入すべきであろう。カウンセリング場面においては、クライエントが、治療場面と治療外場面の弁別学習をするように配慮されるのが普通である。

　例えば、あるクライエントには、週の曜日、日時を特定して、その中である型の治療法が行われる。さらに、治療場面および治療外場面での一定不変な強化の中にも、差異による弁別学習を行うことができる。クライエントは治療の中で、矛盾のない適切な治療状態に一貫して置かれることが望ましい。したがって、クライエントがカウンセラーに対して敵意を表す時には、カウンセラーはその行動を規則正しく強化する。カウンセラーがクライエントの敵意に反対したり、また負の強化を行うことは、治療の意味からいえば望ましくない。カウンセラーはクライエントに、つねに受容的で暖かい態度をとることが期待されるからである。

　経験的に知られていることであるが、完全に強化された反応は、不幸にして負の強化に出合うと、それほど特別に強度のものでなくなってしまう。したがって、カウンセラーがいくら努力を払っても、クライエントが忍耐づよく習得した反応は、消去抵抗によって弱められてしまうのである。

　ほとんどのクライエントは、カウンセラーが、治療の何かを教えてくれない場合には、治療とは結局特殊な経験であり、現実生活とは極めて異なるものだと悟るに過ぎないで終ってしまう。言いかえれば、治療の学習場面における刺激が、刺激の母集団を代表したものでない時は、反応の転移はほとんど起こらないのである。

　生徒指導や学生相談における臨床場面では、大部分のクライエントにとって治療場面以外でつき合う人と似ても似つかないカウンセ

ラーと相対することになる。クライエントがカウンセラーに対してとる態度を発展させて、彼が友人仲間に、新しく習得した行動様式を応用できるようになれば、治療は成功をおさめたといえる。しかし、このことは、次のカウンセラーには全く当てはまらないこともあり得る。ある刺激が、たとえ正しい母集団から出ていたとしても、その範囲や母集団の多様性が十分に示されなければ、本当の代表とはいえないからである。

極端な場合を例にとると、ある町の母集団からランダムに抽出された人は、別の町の母集団からの代表ではないことは明らかである。同様に、カウンセラーがクライエントの環境の中に大勢いる人物の中での代表であることは期待できない。カウンセラーは空白のスクリーンのようにふるまえ、ということがよく言われる。クライエントは、このスクリーンに一定時間、自分が必要とする刺激を何でも投影できるわけであるが、カウンセラーは、自分の個性をわずかに不明瞭なものにするだけで、さほどの刺激をクライエントに与えていない。クライエントの方が、もっぱら一方的に自己をスクリーンに映し出し、自我を投影している。カウンセラーの方は、あるがままのクライエントを全体的に受容することに全力を注いでいるといえる。

3 治療的学習における転移

生徒指導や学生相談におけるカウンセリング場面からそれ以外の場面への学習転移が行われるのは、カウンセラーが特有の手がかりを与えるような刺激を与えたり、治療の中で有力な刺激パターンを

用意したりすることによってである。これらの場合、クライエントは反応が展開していく過程で、独特の治療刺激に強く引きつけられる。そして、これらのことは、一般のカウンセリング・クリニックでは極く当たり前のこととして行われていることである。カウンセリングの分野においては、学習転移の概念は大きな利益をもたらし、発展の可能性も大きいので、転移と般化の関連をさらに考えてみよう。

　新しい行動様式の習得のために、カウンセリング場面の刺激とクライエントの現実の生活での刺激の間の類似性を高めることによって、クライエントの治療外生活への転移は促進される。カウンセリング場面の刺激の範囲を広げていけば、クライエントは現実の危機的反応場面で、今までよりもさらにその刺激に近づくことができるだろう。

　これらをまとめると、カウンセリングから、それ以外の場面への学習転移は、治療刺激が治療外刺激を代表する場合に、一層大きくなる、といえるのである。

　さらに、生徒指導や学生相談のカウンセリングでは、クライエント自身の治療外環境で、望ましい反応をできるかぎり多く繰り返すべきだといえる。すなわち、カウンセリングから、それ以外の場面への学習転移は、クライエントに最終目標である変化に富んだ反応場面や、治療室から開放された外で治療が行われる場合に、いっそう大きくなる、ということである。

　一般的なカウンセリング・ルームの中でよりも、変化に富んだ、より現実的な場面の方が、カウンセリングの効果をいっそう大きくすることができる理由は、まず、いかなる種類の反応でも、それの関連刺激と強く結びつくためである。なぜならば、それらの反応は、

刺激と現実に接触した場合に生ずるからである。次に、カウンセリング・ルームにおけるよりも、もっと生き生きとした刺激をクライエントに与えることができるからである。精神心像は、特別な刺激がない時にも生ずるが、そのような心像は、望ましい条件下では、よりいっそう有力なものとなるからである。

　しかし、精神心像は、現実の刺激ほどには有力なものに成り得ない。さらに、それらは自由に望むままに引き出すことは困難であろう。しかもそれは、極めてわずかな紛らわしい刺激に出合うと、はかなく消えてしまう。したがって、現実的刺激を提示する際に望まれることは、新しい反応の転移を促進させると同時に、治療的努力をむける焦点をはっきりさせるレベルまで、反応の喚起を促進させることである。

　これらのことは、カウンセリングのすべてが、現実場面の中で行われる必要があるということではない。カウンセリング場面で最も大きな進歩が期待できるのは、最初の期間、例えば、カウンセラーの威光と一般的強化の価値が強い危機的段階においてである。治療の最終段階では、治療環境を実際的な価値のものまでに拡大することが望まれる。

　クライエントが治療的洞察を得るとか、カウンセラーとよい関係をつくるなど治療的価値を高めることは重要である。しかし、それにも増して、クライエントの生活のその他の場面にまで、その洞察や態度を転移できるかどうかが重要であろう。

　このような場合、たとえ全体的治療過程では遅れていても　クライエントの現実的な環境の中にまでそれを拡大できれば、治療の効果は次第に上がってくるであろう。生徒指導や学生相談にあたるカウンセラーが、クライエントを単調な治療室から変化に富んだ生活

場面に移すことを望んだ場合に、治療室場面そのものの中の特定の刺激を促進させることによって、それが成しとげられることも多い。

　例えば、クライエントの教師や友人など、彼にとって重要な意味をもつ人物の治療参加が可能になれば、クライエントがその人と自分との治療的人間関係を深く理解することを助けることができる。また、クライエントの心像形成力を見極めることによって、そのクライエントに特有の葛藤や問題を象徴化することもできる。また、例えば、薬物依存のクライエントに、有害刺激物と薬物摂取を連合させることによって、場面の現実性を高め、治療場面を薬物摂取場面に近づけて再現させる方法もある．

　あるクライエントの場合は、カウンセラーを医師や看護士の社会的評価基準に近づけることによって、転移の価値を高めることができる。また、矯正施設などでは、収容者たちの生活や作業の中で、彼らの精神面を解放しようとする努力が払われている。彼らが自分の考え方に従って自由に作業をすることができれば、彼らが施設外に出て自由な生活を送るようになった時、類似した刺激に対応することができるからである。

　このほかの治療の基本的モデルとしては、抗条件づけ、または脱感作法と呼ばれる方法がある。クライエントは、治療セッションの中で、日頃から自分が恐怖を感じている事柄の精神心像に焦点をあてた治療を受けるのである。例えば、エレベーターを恐怖する、自転車事故を起こしたために自転車に乗ることをを極度に恐れる、などの恐怖行動がその中心課題となる。また、対人的な場面で、どもることへの恐怖から、人と話をすることができなくなったクライエントに、他人との接触が次第に多くなる社会的場面を導入してカウンセリングを行う。これらの事例に共通していることは、治療がク

ライエントの現実的恐怖や不安の中で行われることである。

　個々の場面では、クライエント自らが、恐怖の状態から解放され、また自分の信念を人の前で主張できることが最終目標である。治療的学習転移は、現実的な危機的刺激が直接とりあげられる時に、大部分は解決の方向に向かうことができる。

　さらに社会的に広い場面でこの方法を用いる場合は、例えば、地域社会精神医学計画に基いて、クライエントたちを、病院から地域や家庭の中へ戻すという方法が有用である。この場合、通常のクリニックに通院することもできる中で、特に家族療法に焦点を当てた治療が行われる。今後、これらの場面で、精神医学と臨床心理学の協力が益々重要となるだろう。この協力体制が望ましい状態で行われる臨床的事例としては、次のものがあげられる。

　長期療養中の患者に、医学的治療と心理治療を連結して行う事例がその一例である。長期に入院している透析患者などは、長くて苦しい闘病生活を強いられる。そして、これらの苦痛に満ちた日々によって精神面にもさまざまな外傷体験をとり込むことになる。このようなクライエントたちは、強い情緒的反応を示すことが多く、彼らのこのような感情を解放することが急務となる。彼らの外傷体験を作り上げているものは、病院という治療場面そのものである。しかも、クライエント自身、毎日の生活の中で、自分に起ころうとしている事柄への予測や理解ができずに苦しんでいる。このような場合、患者の苦しみの根源となっているすべての要因を詳しく取り上げて、それをできるだけ現実に近い形態の中で再現するのである。それによって、クライエントの不安を徐々に軽減しようとする。

　生徒指導や学生相談における学習転移の効果は、クライエントに、単一刺激に対してよりも、変化に富んだ刺激を与える方が、さらに

大きくなる。したがって、変化に富んだ治療場面で学習転移を計る方が優れているといえる。クライエントの個々の環境は、数多くの物理的環境から成り立っている。その中でも数多くの物理的環境での学習転移は、治療的には、はるかに大きな意味をもつものである。そのために、カウンセリング場面から、治療外場面への学習転移は、一人のカウンセラーよりは、複数のカウンセラーによって治療が行われる方が、一層大きくなると考えられる。

　カウンセリングでは、カウンセラーとクライエントが一対一で治療時間を共にする。学習転移の側面から考えると、この方法では転移はさほど期待できない。そこで、例えば、一人のクライエントは、複数のカウンセラーと隔週に面接することにする。カウンセラーの立場からすれば、隔週に2セッションずつカウンセリングを行なうことになる。

　一人のクライエントが、数名のカウンセラーから治療を受けることによって、対人的刺激の幅は大きくなる。そして、クライエントが出合う全刺激パターンも、もっと複雑なものになる。カウンセラーのそれぞれのパーソナリティも、クライエントにとってはそれぞれの形の刺激となり、望ましい反応への手がかりとなる。したがって、カウンセラーたちは、反応の種類や、変化に富んだ対人的刺激によって、条件づけられるように強化するとよい。クライエントは、変化に富んだ刺激を提示されることによって、正確な反応が、変化に富んだ行動様式として学習されることになる。それによって、より大きな反応般化が起こってくる。さらに広範囲な反応様式が現われ、かつ強化される。個々のカウンセラーが強化する反応はそれぞれに異なるので、クライエントの反応の柔軟性を伸ばすことにも役立つものである。

さらにこの方法を強力なものにするためには、それぞれのカウンセラーが、少しずつ異なった方法でクライエントの反応を強化する。そこで要求される反応は、一人のカウンセラーの用いる強化因子のように偶発的なものではない。あるカウンセラーは、言語的な強化因子に重点をおき、別のカウンセラーは、動作や行動因子にその重点をおく。クライエントは、治療場面でカウンセラーのとるこれらの強化因子によって、さらに影響を受け易くなる。それは、一人のカウンセラーによる特定の強化が、別のカウンセラーのそれとは弁別して理解されるからである。あるカウンセラーは、満足して微笑する時、彼特有の表現をする。何人ものカウンセラーに接しているクライエントは、これらの幾種類もの強化因子による広範囲な行動に非常に敏感になる。このような場面を数多く体験したクライエントは、一人のカウンセラーから特定の強化因子を与えられるのとは異なり、強化による失敗に出くわす危険性も少なくなる。

さらに、カウンセラーが大勢いる場合には、特定の反応に対して同量の強化をすることはほとんどない。したがって、クライエントは、現実場面にはいろいろな人がいて、それらの人の行動を正確に認識し、学習できるようになる。クライエントは、強化のパターンの質的変化ほどには、強化の量的減少を経験しない。実際のカウンセリング場面を考えた場合、すべてのカウンセラーは、自分のさまざまな特性をクライエントの前で操作することを余り意識して行わない。

さらに言えることは、一人のカウンセラーが大勢の事例を担当している場合、一人一人のクライエントの治療計画や面接を完璧に実行しようとしても無理が起こる。一人のカウンセラーが、あるクライエントの治療目標、治療計画の現実化、治療の根本原則などを検

討していく。インテークの後、最初のカウンセラーは、治療チームの他のカウンセラーに、自分の見解や今後の提案を伝える。その後、治療チームのメンバーたちは、クライエントに面接する。そして各カウンセラーは、自分自身の個性的な方法で、治療目標の達成を遂行していく。カウンセラーは、そのクライエントが個有に抱えている問題についての自己理解と行動変容を、自分の治療方針に従って試みていく。

　いつも複数のカウンセラーをクライエントのために用意する必要がある訳ではなく、その形をそれぞれに変形して各々のカウンセラーが実施に移していけばよい。例えば、最初は、慣例的なスケジュールにもとづいて、一人のカウンセラーが担当しつつ、複数のカウンセラーの必要性を感じた時に不定期に行うという方法もよいであろう。

　生徒指導や学生相談における集団カウンセリングで、複数のカウンセラーが参加するときは、個人の場合よりもさらに大きな長所となる。たとえ、クライエントたちに対する注意力と影響力が弱くなることはあっても全体的効果からみれば、それは極くわずかなことである。それよりも、治療者が複数になった場合、まず一人のクライエントが相互作用しあう人物の多様性ということがあげられる。また、集団カウンセリングに複数のカウンセラーが参加する方法では、家族療法に類似した良さを生かすことができる。

　複数のカウンセラーを与えられたクライエントたちは、カウンセラーたちを職業的専門家としてだけではなく、友人として、知人として、彼らと接する可能性も与えられている。このような条件のもとでは、クライエントが治療的学習の転移を経験する機会も多く与えられているといえよう。医学の分野では、一人の患者を複数の医

者が担当することは、当たり前のこととなっている。

4　情動状態と認知的機能

　カウンセリング場面での治療的に有効な反応生起の確率は、クライエントの反応の内容分析によって明らかにされるものである。ある人が外国語を学んだことがない場合には、その語学の学習場面では、ただいたずらに、ランダムな反応をするしかないのである。学習作業の訓練や練習では、すぐに利用できる有効な反応を指摘することは可能である。例えば、外国語の会話学習で、現実的な会話が可能になる前に、単語発音の訓練をする必要はある。テニスを上達したいと思うなら、まず手や足の運動反応をスムーズに行う基本訓練に十分時間をかけるだろう。このように、我々のあらゆる学習場面においては、有効な反応生起の確率が、その喚起の頻度の函数であるといえる。例えば、言語学習の分野では学習者は、先行経験と喚起の頻度に対して、息を吐くという基本的な反応をまず学習する。学習場面における有効な反応が頻繁に行われるようになると、その基本的な反応が、新しい連合反応を呼び起こし、新しい反応を形成していくことになる。

　これらの場合、他の条件が同じであれば、言語的単位を頻繁に経験すればするほど、新しい連合関係がつくられて、反応の生起が一層、早められる。言語学習場面において、種類のカテゴリー名を示し、それに関して思い浮かぶことをあげさせてみる。すると、ある一定の名詞が、極めて高い頻度で提示された。学習研究の中での反応単位として、使用される頻度の高低に、経験が関与しているよう

に思われる。すなわち、より親しまれている名詞が、そのような連合関係を作りやすいといえる。より親しまれている名詞が反応用語として現れる時には、それが早く学習される。

　これと似たことは、ある無意味綴りが系統的に並べられた時、後の学習を促進するという事実場面にも見い出せる。このような予備的反応訓練による効果は、言語学習だけに限られない。光を弁別することによって、文字といくつかの光のそれぞれを連合させるという訓練をする場面にもこれはいえることである。対応する光とそれぞれのスイッチを連合させる学習で、やはり同様の効果が見られる。また、概念学習場面において、概念カテゴリーが操作的頻度からみて、極めて反応が強い時は、その概念学習は、より一層早く達成される。

　反応の有効性と学習の速さに関して考えてみると、とくにカウンセリングと関連する面が多い。カウンセリングの目的は、クライエントに望ましい行動変化を起こすことである。これまでにあげた例でも、治療セッション中に望ましい反応が強調され、クライエントがそれを学習するように働きかけが行われている。学習転移の面からみると、刺激よりはむしろ反応の方が強調されるべきであろう。過去に頻繁に経験した反応は、ほかの条件が同じ場合には、それから後の学習を一層促進させる。クライエントがカウンセリング場面に入る時、彼に最も役立つ反応は、それまでのカウンセリングの中で最も多く経験された反応であり、その反応は、治療外場面でもしばしば起こるものといえる。したがって、カウンセリングにおける治療的学習を最も効果的にするには、最も望ましい反応を促進するようなカウンセリングが行われるとよい。すなわち、治療外場面で望ましいと考えられる反応が治療の中で生起する確率が高ければ、

カウンセリングは、より一層大きな効果を上げることができる。

次に、クライエントが治療外場面でとるべき反応の様式が決定した時は、カウンセラーとクライエントは、その反応様式を現実行動に移すように努力すべきであり、さらに、その反応様式を他の反応様式から弁別できるように力をつくすとよい。学習接近説によれば、適切な刺激が反応と結合して高い頻度で示されれば、その反応の学習は早く成立するといわれる。したがって、誤り反応や望ましくない反応様式を、少しでもクライエントに学習する機会を与えることは、誤りである。例えば、どもりを真似している子どもがいた場合、その望ましくない反応はいずれは除去されるだろうと楽観視してそのままに放置しておく教師がいたとしたら、その教師の判断は誤りである。

カウンセリングでよく用いられるダイナミックなモデルに、浄化の概念がある。これは、自由な表出によって、望ましくない反応を取り除こうとするものである。この考え方によれば、クライエントが自分の感情を抑える時に働く圧力を取り除こうとするものである。また、このほかの洞察モデルによれば、望ましくない反応は、その原因が理解されるまで継続する。したがって、治療においては、クライエントの症候の根源がはっきり明確化されるまでは、誤り反応に対して詳細な検討が続けられる。クライエントに、誤り反応をさらに継続しようという欲求は生起しないから、それは次第に弱まっていくと考えられる。これらのことは、生徒や学生のカウンセリングにおいてもいえることである。

クライエントが敵意を表現する時の障害については、これまでに数多くの研究が行われてきたが、肯定的な感情表現については、ほとんど触れられることがなかった。クライエントが他人に対して、

両面価値的な感情を抱く場合でも、否定的感情の方向にほとんどの治療的関心が向けられている。治療外場面で行われる時に望ましくないと思われるような否定的感情を扱った事例が、これまで余りに多く強調されてきた。したがって、その他に望ましくない反応がある場合、その反応の有効性が更に強められるので、不適当なレベルにあっても良好な状態とみなされることが起こり得るのである。これらのことから、肯定的な感情と反応の集中化、および否定的な感情と反応の除去は、カウンセリングの効果を高めるといえよう。

　生徒指導や学生相談におけるカウンセリングの治療目標は、クライエントの否定的あるいは反社会的行動から、肯定的で社会的に容認された行動への変化をめざすものである。例えば、あるクライエントが教師や親や先輩などの権威者に強い敵対心を抱くことの悩みのためにカウンセリングに入ったとする。ここで我々が想像することは、このクライエントは父親と親密な親子関係をもたないままに成長したのではないかということである。すなわち、権威者への敵対心は、父親への敵対心の現れとも考えられるのである。ここでクライエントが、自分の父親に対する感情を変えるか否かは、問題外のことである。彼の父親は、現在、彼とは別の場所に住んでいるかも知れないし、あるいは、もう他界しているかも知れない。我々がここで推測することは、敵意の代わりに尊敬の態度がとれるようにと、カウンセラーが治療的配慮をするのではないかということである。

　しかし、カウンセリングの本質からいえば、まず、父親に対する敵意の発生メカニズムを徹底的に追及し、解明することが先決である。それによって、クライエントは、自分に内在する敵意の様相を、あらゆる面から見つめ直し、あるがままの敵意感情を認識できるよ

うになる。それと同時に、父親と教師あるい先輩との関連性を追及するようになる。彼の心の中では、少なくともこれらの人達が刺激人物として大きな等価をもつようになる。したがって、この人達とのつながりが明確に認識でき、敵意の全容が完全に理解できた時、はじめてクライエントの父親や教師や先輩に対する敵意の欲求は消滅していく。

　ここで疑問になることは、カウンセラーはクライエントの敵意を、あるがままの姿で引き出すことができるか、クライエントの敵意の感情表出をどこまで生起させることができるか、あるいはまた、父親と教師や先輩とのつながりを強調する余り、現在の親子関係のきづなを弱めることにならないか、などの点である。一般的には、カウンセラーはまず、クライエントが現在肯定的な感情を抱いている人物、例えば叔父などの権威像を見つけようとする。次に、クライエントのいろいろな肯定的な感情を追及していくと、彼は次第に何のためらいもなく自分の中にあるこれらの感情を認識し、見つめ直すようになる。そこで、この望ましい反応生起の確率を更に高めていくのである。

　ここでは、カウンセラーはクライエントが抱いている叔父像と教師像や先輩像との連合を発展させ、その類似性を指摘し、その前後関係を認識させていく。そして最後に、クライエントが父親や教師や先輩に対する肯定的な感情を、たとえ始めはわずかなものであっても、高めていくようにする。このような方法によって、反応としての敵意の分化と有効性の増大を避けることができ、価値ある刺激として父親や教師や先輩との連合を強めていくことができる。肯定的な反応を犠牲にしてまで、敵意などの否定的な感情を節調することは差し控えたい。敵意などの否定的な感情が、カウンセリングの

治療場面でさほど重要な意味をもたないということでは、決してないのである。

　治療理論を実践していく上で、抑圧された神経症患者を対象とすることも多いが、このようなクライエントは、自己主張と敵意表現が原因でその症候を来たしている場合が多い。抑圧されたクライエントは、否定的な敵意感情をもっていないと自分自身では思い込む傾向があるが、それでも治療場面では、彼の敵意の実践は正当化される。しかし、このクライエントに、敵意の開放的な表出能力を開発させることが、自動的にそのまま現実生活を満足させることにつながるかといえば、必ずしもそうとは限らない面もある。カウンセリングの目的を長い目で見た場合、それが常にクライエントの社会的反応の生起を強めるものでなければならない。したがって治療中カウンセラーは、そのクライエントにとって望ましい社会的反応は何かということに、特別の注意を払うことになる。このように、クライエントの情動状態の認知的側面の諸問題は、治療による行動の変化にも大いに関連するものである。

　クライエントの経験した情動状態が、彼の認知的機能に及ぼす影響を明らかにするために、モデルが引き起こしたクライエントの認知の仕方によって、同一の生理的状態が、怒りになったり得意感情を喚起したりする。クライエントが、自分の情動状態の生理的換起は、ある種の薬物によるものだと気づいた時、彼は認知の操作の中で抵抗を示すだろう。不明瞭な情動状態におかれた場合、それに対するクライエントの反応様式は、それに対するラベルの貼り方によって影響を受ける。他人に対するラベルの有効性を実質的に高めようとする学習は、人の情動的経験を歪めるものである。例えば、敵意を過大に評価すれば、生起反応の確率が高められ、クライエント

がそれに気づき易くなり、したがって結果的には敵意反応を強めることになる。このような習慣的な認知反応を強めていくと、私はきっと怒るに違いない、といった曖昧な情動状態を起こさせることになる。

青年期にみられる愛情反応は、経験の多少や期待の大小によって強められることが多い。多くの若者は、愛情を異性の存在に気づいた時に感じるといえるが、これらのことも、これまでとの側面で深い関連があろう。いずれの場合にも、無差別な事象がその反応の有効性を高めることにはならないということがわかるような、敵意と愛情の二極性から考えた場合、もしクライエントが自己尊重を強めたいと思う場合には、反応様式としてのそれが問題になる。この場合、クライエントの自己軽視という現在の症状に焦点を合わせるよりは、自己尊重に関する言語反応が如何にしたら有効に生起するかを探ることの方が必要である。生起反応の結果、自分は最善をつくしたと感じた場合には、自分は実に不快だという感情とは別のものである。この場合、前者の方が、はるかに優れた反応様式といえるだろう。クライエントは、自己軽視に関するあらゆるダイナミックスを治療者の前にさらけ出す必要はないのである。

不適切な反応様式は、悪意に満ちた反応周期をつくり出すが、適切な反応様式はに温和な反応周期をつくり出していく。したがって、自己尊重の感情は、より一層優れている。森田療法（1936）によれば、クライエントは治療に入ったばかりの最初の一週間は、すべての活動から遠ざけられ、禁止される。その後、各週に数回、治療者が与える問題について自分の意見を日記に書いていく。それと同時にクライエントは、自然物と接触するような、簡単な手作業に従事する。森田療法は別名、体験療法とよばれるが、これは、神経質そ

のものが、意識的なものに最も近い自我層の知的構えに関係するのに対して、療法の目差すものは、知的、かつ指示的に近づきながら、指示するその内容を越えた点にある。すなわち、この療法は、一面では絶えず説得の方法を用いながら、説得がすべてに行詰ってくる限界も、行動によって乗り越えさせようとするのを特徴としている。この場合の行動の種類そのものには、症状と何ら直接の因果関係をもっていないし、知性の自己矛盾を打破させるのに、行動を媒介とする以外に方法がないことに着眼したものである。森田療法の初期から終結に至るまで、指示、説得、各種の行動（作業）などが混ざり合いながら、3つの要因、すなわち患者に自分の性格傾向を自覚させること、精神交互作用の打破、思想の矛盾（結抗作用）の打破の実現を進めていくのである。森田療法は、禅仏教の原理から脱皮し、成長と発展をとげた治療方法であると考えられる。

　ここで重要なことは、この治療が患者の日常経験の中で行われることである。患者の内面に潜んでいる建設的な力を盛り上げるための直接的なアプローチは、患者のパーソナリティ内の妨害的、病理学的葛藤への分析的アプローチよりは、はるかに優れているといえる。森田神経質の本質については、いわゆる精神交互作用の基礎となっているパーソナリティが何であるかを追及しなければならない。また、精神交互作用のいわゆる「とらわれ」は、すでに症状そのものであり、このヒポコンドリー性基調の基礎が追及されなければならない。患者たちの基本的態度を、「甘えたい心」あるいは「依頼心」、正確には「甘えたくて、しかも甘えられない心」という言葉でとらえ、これらが抑圧の証拠であると考える。

　このように、森田療法における根本方針は、症状をあるがままにして、不安をそのままに耐えることから始める。全治療過程を通じ

て自然服従の態度を形成しようとするものであって、事実に即する態度の育成を目的とする。しかし、事実が強い苦痛と不安を伴うものであるから、患者にとっては、生やさしい訓練ではない。さらにこれは、治療者が、相手の考え方、感じ方を是正するように積極的に指導するものであって、明らかに指示的な療法である。したがって、治療者の態度と人格が重要な意味をもってくる。一般にこの方法は、訓練法であるといっても、強圧的な訓練ではないし、患者にみずから訓練するよう仕向けるのであるから、治療者は相手に親しみと信頼をもたれるような権威を身につけていることが理想的である。

5　場面構成と強化

　生徒や学生の認知構造や学習態度が、学習内容を促進したり妨害したりするという事実は、よく知られている。人がある仕事に従事したり、学習したり、ある技能を習得する場合、認知構造を経験から分離させて考えることが必要になる。あるクライエントは、認知構造の欠如によって、強い不安状態に陥っていることもあるからである。自分の経験を正しく予測し体系化できるような認知構造は、クライエントの治療的学習において、綿密な行動の変容と保持を一層促進するものである。そのためには、クライエントがあらかじめもっている先行態度の重要性があげられよう。

　ここで特記すべきことは、生徒指導や学生相談におけるクライエントのカウンセリングに対する先行態度や期待のもち方が、彼の知覚的感受性に大きな影響を及ぼすということである。したがって、

カウンセリングの準備期におけるクライエントの態度をまず十分に把握することである。クライエントが治療中に示すさまざまな表出の意味を十分に把握することができれば、それに反応する能力を一層高めることも可能となる。カウンセラーが、カウンセリングを実際に開始する前の準備期に、これらの手がかりをつかんでおくことができれば、クライエントの言語反応の意味も一層明瞭になるからである。

これらの現象をカウンセリング場面に適用していくことによって、治療を受けている最中のクライエントがどのような感受性を持っているかが、次第に把握されてくる。カウンセリングを受けているクライエントの感受性は、彼がそこで自分に期待されているものが何であるかを学習した時に、一層高められる。カウンセラーは十分にクライエントの気持ちを正しく理解しているだろうか。カウンセラーは、彼が何を望み、何を恐れ、何によって動かされているのかを正確につかんでいない場合もある。

また、相手を正しく理解するといっても、それにはまず自分を見なおすことから始めなければならない。自己を理解することなしに他人を理解することは不可能であるし、他人を理解できない者は、自分をも理解できないのである。自分が意見を述べる時、それが相手に受け入れられているかどうかについて鈍感にならないようにする。いつも自分の態度を検討し、欠点や弱点を認め、これらを新しい洞察力や技能によって磨いていかなければならない。

現代社会の生活様式や組織の中で、機械化、非人格化が急激に進み、人々は自己疎外感や孤独感、焦燥感に悩まされている。集団の仲間のあいだでも、本当に心を開くことによる話し合いは行われない。それはお互いの競争心であったり、まったくの無関心さから生

じたりするかも知れないが、お互いによそいきの顔をして仮面でつき合っている。同様のことは家庭内においてもいえる。家族みんなが居間に集まっていても、ひとりひとりがテレビと一方通行の状態にある。そのテレビ番組が終われば、それぞれが各自の部屋に閉じこもってしまう。家族間の触れ合いは無く、同居をしているといった方がよいであろう。このような現代社会における病根を解決していくための、新しい人間関係訓練の一つが、感受性訓練である。

　ここでは、生徒指導と学生相談におけるカウンセリング過程とその治療結果についてのクライエントの感受性訓練をとり上げたい。クライエントが、カウンセリングに対して準備的態度をもった時に、カウンセリングにおける反応時間がより短くなることは、一般的に知られていることである。クライエントが、一定の時間内に反応することを期待されていると知った時、反応すべきシグナルを予想していない時よりも、反応の仕方は早くなる。複雑な作業を遂行する時、ある種の準備期があると、その遂行をより促進することができる。

　クライエントに、将来を予測できるような全体的計画を知らせると、そこで与えられた先行経験が知覚面に影響を与えて、優れた成績をおさめることも知られている。最初のうちは、ナイーヴな行動がとれずにいたものが全体的原理を知らされると、そこでの知覚的経験がクライエントを敏感にし、そこで生起することを早く理解するようになる。準備的態度と場面構成手続は、問題解決の効果を促進する。分析的アプローチの知識と先行経験が無い場合は、問題解決技術は何の価値ももっていない。

　特別なテーマについて人がもっている体系、安定性、知識の明確さなどの認知的構造の存在は、新しい学習の保持に影響を及ぼす。

そこでの認知構造は、2方法のうちの一方に新しいテーマを示すようになる。新しいテーマが、確立された概念の一部である場合とか、先行の一般定理を説明するものであるときは、小前提は派生的なものになる。しかし、新しい学習が、先行学習の定理の外延である時、小前提は、相関関係を示す。カウンセリングにおいても、対人関係場面への認知的構造化が適切に行われれば、小前提への基礎ができていき、新しいテーマがよく理解され、保持されていく。言いかえれば、治療に関する新しい概念や情報は、適切な関連概念が認知構造の中で形成された時、十分に学習され、保持されるといえよう。治療中にクライエントは、自分の心の中で自分にとって自然な、しかも治療上重要なテーマを選択して、自分の好きな方法で再構成していく。このようにして、クライエントの準備的態度は、次第に分化されていく。

　クライエントが再構成していく準備的態度は、新しいテーマが入り混じった認知的枠組の上に成り立っていく。準備的態度の性質は、クライエントの先行学習の中で、概念の体系化によって決められてくる。治療的に意味のあるテーマが、クライエントにとって親しみにくいものであればあるほど、概念の分化は行われにくくなる。そして、それによる態度は、さらに包含的で一般的なものになっていくに違いない。したがって、治療的学習を初めて体験するクライエントにとって、最初に与えられるテーマは広くて、しかも包含的なものの方がよい。なぜならば、ある先行経験をもっている人にとって準備的態度は、より明確なものとなるからである。

　準備的態度は、学習すべきテーマよりも、はるかに抽象的で包含的であるとよいし、さらに、それの目的は、統合的な調和を保つことである。このことは、先行学習と、新しく学習されるべきテーマ

に関する認知構造のあり方に関連してくる。準備的態度は、概念の体系的な比較とそれらの分析を可能にする。またそれは、クライエントの認知構造と、カウンセリングの中で習得されるべき新しいテーマの間の類似性や相違を指摘するのに役立つ。したがって、認知構造の発展も促される。そこでは、不必要に数多くの概念を与えることは避けた方がよい。それによって、概念間に存在する真の相違が一層鮮明となり、弁別学習も明確に行われるようになる。

　クライエントに内在する準備的態度が、新しい学習の概念と認知構造の間の類似点を明確にすることができれば、学習中における曖昧さは少なくなるだろう。さらに、関連概念についてのクライエントの先行知識による誤認も少なくなり、治療における学習概念は、十分に理解されるだろう。このことは、クライエントに訓練の内容もさることながら、その構造に関しても指導を行った方が学習が早く達成される、ということを意味している。新しい学習の保持を促進するものとしては、説明概念と比較概念がある。前者は、新しい学習材料の構造が明確でない場合である。後者は、相対的に親しみやすい学習材料の場合に用いられる。これは、既存の認知構造の中で、基本的に似ている概念と新しい概念を統合しようとするものである。また、異なってはいるが、混同しやすい既存の概念と、新しい概念とを弁別しようとするものである。比較概念の例には、学習における強化の概念がある。

　ことにカウンセリングとの関係から見れば、言語能力が比較的劣っているクライエントには、準備的態度の学習が特に有益である。このことは、言語能力が劣っている人たちが、学習材料を有益な方法で継続的に構成することが不得手であるためと思われる。準備的態度は、既存の概念と新しい概念の弁別能力を改善する場合に、効

果を発揮する。これは、比較概念の機能とも対応することである。心理劇に関する耳慣れない学習内容を与えられた場合、カウンセリングに関して豊富な知識をもっていた人は、学習測定で高い得点をおさめた。また、確立された概念がすでに明確で不動である場合には、準備的態度は本来の価値を発揮しない。さらに、とくに二重の概念関係を示す準備的態度は、弁別能力を向上させ、学習と保持を促進する。

　カウンセリングの特徴に関する理論や情報をクライエントに知らせることは、クライエントの治療成果を促進するということがいえる。一般的には、カウンセラーは、クライエントに対して、カウンセリングの過程そのものについては、ほとんど教えないのが普通である。しかし、少ない例ではあるが、カウンセラーによっては、カウンセリングの場面構成についての一般的学習内容を、クライエントに教えている場合もある。治療に関する情報を最も明確な形でクライエントに示してきた人たちは、行動主義的な治療者に多く見受けられる（Wolpe, 1958）。

　脱感作法は、神経症的な不安―反応習慣を、段階的な方法で、克服していく治療法である。クライエントに、生理学的に不安が抑制される状態をとらせ、次いで、弱い不安を起こさせる刺激を呈示する。この呈示は、刺激が完全に不安を引き起こす力を失うまで、繰り返される。つぎに、だんだんと、より強い刺激が与えられ、同じように繰り返される。この方法は、不安抑制状態として、筋弛緩を使用しているのが特徴であり、数多くの神経症的習慣を直接コントロールすることを、初めて可能にしたものである。

　望ましくない情動習慣を、一歩一歩克服するために、拮抗する情動を使用することは、かなり以前から行われていた。とくに生徒指

導や学生相談においては、他の情動が存在する状況のもとで恐怖を起こすものを少しずつ与えていくことで、徐々にその恐怖状況に慣れることができるようになる。

　クライエントの神経症的反応は、一次的刺激般化の法則に従って生起する。その強度は、最初の条件刺激とまったく同じ最高刺激と、引き起こした刺激との類似の程度によって決定される。物理的に関係のない、いくつかの不安喚起刺激が原因であることもある。それは、内的影響の類似点に基づいた二次的強化が多い。媒介般化の例のように、物理的に異なった場面が常に拒絶のテーマとなり、クライエントが、拒絶によって混乱を起こすならば、それらが引き起こす反応の相対的強度に従って決定される階層序列の中に、その場面を組み込むことができる。

　脱感作法によって治療されるクライエントは、そこで行われる治療内容や、クライエントが悩んでいる問題の原因論などに関する知識を与えられることがある。そこでは、クライエントの症候の原因や、それに対して行われる治療理論の情報が与え与えられる。クライエントに与えられるこれらの情報は、彼が治療の中で自分の経験を体系づけるのに必要な認知構造の形成に役立つ。脱感作法を行う治療者たちのこのような準備期の手法は、おおむね良い治療結果を生じるようである。その中で、より優れた場面構成をすることによって、よい治療効果が期待される。

　治療的理論や技術に関する情報を、一切、クライエントに与えないという方針を維持するカウンセラーも、かなり存在しよう。彼らの理由づけは、次のようなものである。まず、それらの情報をクライエントに与えることに何らの価値も認めていない。そして、望ましい治療結果は、そこで行われる治療的学習が、自己発見によって

のみ得られると信じている。さらに、治療の技術や価値は、それをクライエントに知らせることによって、減少する、などの理由である。クライエントの感情表出だけに関心を寄せているカウンセラーは、学習過程の中で学習速度だけを問題にしているようにも思われるのである。治療理論をクライエントに明快に説明することを躊躇している間に、治療の可能性をせばめてしまうことは好ましくない。

　生徒指導や学生相談における、言語的条件づけにおけるクライエントの感受性は、彼の意識性と大きく関係するものである。言語的条件づけ場面における習得と転移の速度は、そこで明確な場面構成をすることによって、一層早められる。操作方法で失敗する場合は、例えば、クライエントがその操作を不合理なもの、気まぐれなものと感じたり、また、挑戦的・競争的なものと受けとったり、あるいはまた、それらの結果が明らかに不衡合いだと感じる場合である。したがって、操作の手続も、そこで提示される理論や方法の如何によって選択されるとよい。例えば、カウンセリングの治療技術の一つに、感情の反射と明確化があげられるが、これも見方によっては操作的な技法であり、ある治療目標を意図したものといえる。

　Rogers, C. R.（1956）でさえ、カウンセラーの職務は、クライエントの行動に何らかの影響を与え、統制することであると認めている。クライエントは、カウンセラーがある操作方法であなたを変えようとしている、と告げられれば、多かれ少なかれ抵抗を示すだろう。しかし、カウンセラーは、クライエントの述べる内容よりも、むしろ感情を反射することによって、十分に理解したいと思っている、と告げられれば、クライエントは抵抗を感じないに違いない。これらの操作的技術で、感情の反射による効果を弱めるか否かは、カウンセラーの経験にかかっている。その効果が弱くなれば、現実には

クライエントとの衝突は大きくなる。

　このように、明らかに抵抗が生じてくる原因は、カウンセラーがクライエントの感情をどのように反射してよいかわからないことによることもあろう。そのような場合には、場面構成の望ましいあり方をクライエントに、まず理解してもらう。クライエントに与えられる治療的情報は、これらの特定の技術のレベルにだけ中心をおく必要はない。クライエントは、治療技術だけではなく、クライエント中心の非指示的相談面接法や、Rogersの治療研究に関する文献に関する情報も与えられる。また、精神分析を受けるクライエントには、当然、その分野に関する数多くの文献を読むことも許される。

　これまでに、カウンセリングや心理療法では、これらの治療的情報をクライエントに与えることは少なかった。また、心理療法の特質や理論的基礎まで教えることは、極めて少なかった。カウンセリングの中で、治療に関する情報を与えようとする場合は、クライエントが抵抗を強く表明したり、治療外のことに関心が集中したりする時に限られている。しかし、例えば、精神分析的洞察治療では、クライエントに、それに関する専門書を読むように指示はしていないが、決して与えないようにという助言もしていない。

　生徒指導や学生相談のカウンセリングの理論と実践について、クライエントに知らせることへのカウンセラーの抵抗は、多分、それらに関する中途半端な知識がかえって治療そのものを阻害するという不安からきている。一般的にみて、カウンセラーは、クライエントの意識性のレベルが低い時、治療的学習が促進されるということを強調しているように思われる。しかし、本来、心理学と心理療法の原理は同一であるべきものであろう。それでこそ、心理学分野における基礎的実験や研究が、応用や臨床の分野に生かされるものだ

からである。

　Farber（1963）によれば、意識性の高いレベルと低いレベルで学習を行ってみると、低いレベルの方が、学習速度は遅く、また学習効果も不確かであったということである。学習場面における高度の意識性は、治療面からみると、脱感作法の中で引用されていて、好ましい治療結果をもたらす要因とみなされている。カウンセラーは、治療の中でクライエントを十分に受け入れようとするのに、意識性を高める治療情報に触れようとしないのは、治療効果を自らの手で小さくしているものといえる。クライエントが大学生である場合、彼らの多くは、書店で自ら数多くの治療的専門書を選択し、読んでいる。その上で、カウンセラーに、それらのことについて疑問や質問を投げかけてくる。それらに対してまで、必死になって専門的知識を知らせまいとするカウンセラーの態度は、極めて奇妙なものといえよう。専門的知識をクライエントに与えて、彼らの治療に対する準備的態度を整えようとすることが、すべて治療効果を高めるものだと主張する訳ではない。若者の多くは、愛を確信する前にそれを告白する。しかし、言葉による場面構成に比べれば、行為は他の方法では成し得ない明確な意味づけをすることもある。

　カウンセラーは、治療場面で効果を上げるためには、自分の治療的努力だけに頼ることなく、クライエントにもできる限り数多くの治療的情報を与えて、彼の努力を期待することが望まれる。上で述べた脱感作法での引用とは別に、準備的態度の有効な生かし方があろう。Wolberg（1954）は、場面構成の仕方、例えば、カウンセリングにおけるコミュニケーションの説明、日常生活における人間関係の様相、カウンセリングにおけるクライエントの責任、カウンセラーの役割などの問題をとり上げている。彼によれば、カウンセラー

はクライエントに、心理療法が如何にして行われるかを説明する必要があり、治療によって、これまで数多くのクライエントが快方に向かった事例について、わかり易く説明する必要がある、と述べている。また、カウンセラーは、数多く場面構成をする方が望ましく、治療参加への動機づけが弱いクライエントや、病的状態にある場合には、それに応じた方法をとることが必要であるとしている。

　Fromm-Reichmann（1950）は、クライエントに心理療法の理論を教えることに賛成している。この場合、そこでの場面構成のあり方が重要であるとしている。例えば、治療の中でこれから起こることへの説明には、十分配慮するように、と述べている。彼女によれば、場面構成は、クライエントの特性によって注意深く変えられるべきであり、ことに、治療を受ける意志の弱いクライエントの場合にはそのことが重要である、としている。クライエントは、治療中のゲームのルールがどういうものであるかについて総てを知る権利がある。カウンセラーは、その中で、何ら推量する権利を持たない、といえる。しかし、治療に関する教示は、生徒指導におけるクライエントの年齢が低く、知的に低く、教育程度の低い、ナイーヴな人には特に必要と考えられている。

　教育とか学習の分野では、能力の高くない生徒に行う有益な訓練は、能力の高い生徒にも有益であることが実証されているが、これと同じことが、カウンセリングなどの治療面にも言えるであろう。治療的見通しが良くない場合の場面構成は、治療的見通しが良い場面構成にも、当然、有効に働くからである。治療における場面構成の性質や目的で重要なことは、いかなる場合にも、それが連続的な場面構成の過程に対応してなされるということであろう。場面構成は、治療のあらゆる面、例えば、その目的、計画、役割、責任など

とも関連してくる。場面構成の目的の一つは、クライエントの目を治療における正しいものに注目させ、それとクライエント自身とを関連づけさせることである。場面構成は、一般的には、治療開始の初期に行われるべきものであるが、治療の終結に至るまでの間、必要な時はいつでも導入すべきものである。しかもそれは、治療期間中を通して、一貫した立場で継続して行われることが望ましい。場面構成をより一層優れたものにすることによって、治療効果を更に改善することができる。

　実際の場面では、例えば、クライエントに自分がとるべく期待されている手続を知らせる方法がある。すなわち、カウンセラーの行動を説明し、クライエントのどんな行動が期待されているか、抵抗を如何に認識し、それを乗り越えるか、などが話し合われる。彼はその手続きから、役割に誘導された面接のあり方を学習することができる。HoehnとSaricら（1964）は、40人の外来による神経症患者を選び、彼らを実験群と統制群に分けた。この治療を担当することになったのは病院に住み込みの精神科医であったが、当初から、この研究目的に関しては何ら知らされていなかった。実験群の患者は、3回の面接後に行われた治療行動尺度で、統制群よりも高い改善度を示した。彼らは、治療期間中ずっと良い出席率を示し、治療者との関係は、より良好と判定された。さらに彼らは、この他の数種類の測定結果でいずれも高い得点を示し、また、目標とする症候面でも、有意に高い改善度を示した。この研究での場面構成は、準備的態度を一層拡大して実施したものであった。

　カウンセリングの中で、クライエントの準備的態度を如何に形成していくかという問題は、まだまだ、さまざまな問題を含んでいる。しかし、治療の効果を高めるためには、カウンセラーが、いつも同

一の方法を固守するよりは、クライエントの治療に関する内省や録音による記録など、できるかぎりの資料を収集して、より有効な準備期を経過する必要があろう。いわゆる読書療法は、治療の中で読書そのものに焦点を当てて、ディスカッションをしたり、自己成長のために読書刺激を有効に取り入れたりする治療法である。生徒指導や学生相談におけるカウンセリングや心理療法の中では、これらのさまざまな治療法を準備期に導入することも有益であろう。生徒や学生の事例史から明らかにされる資料と、これらの読書療法との接点を発見することは、カウンセラーの重要な任務の一つである。例えば、自分の見た夢にこだわっているクライエントが、治療の中である種の抵抗を見せた場合、その夢の解釈を説明している書物を通して、その抵抗を軽減していく事は可能なことである。これらに共通して言えることは、治療の各段階に適した学習材料をクライエントに与えていくことによって、準備期を全般的に一貫して有益に過ごすことができるということである。

6 学習理論の応用技法

　これまでに、生徒指導や学生相談におけるカウンセリングの治療的学習について、より実際的な面から検討を進めてきた。カウンセリングなどの治療的経験を実験計画との関連でみると、Hu11-Spenceの理論（Spence, 1956）が示唆に富んでいる。この学習理論は、動因の概念と学習に及ぼす効果に言及したものである。動因と習慣の強さの間の相乗的関係についてのこの理論によれば、不安の程度が比較的強い条件における単純学習は、それに相対した速度で習得され

るが、他方、不安が低い条件では、競争反応が生ずる複雑な学習でも、速度を落とさずに習得されるということである。Broen ら（1956）は、動因が非常に弱い条件は、準備的弛緩訓練を極くわずか修正することによって作り上げることができる、と述べ、この条件下では、競争的、非専制的反応が促進されることを明らかにしている。

　これらの研究結果は、動因が学習に影響を及ぼし、またそれが、特殊な学習実験計画と関連することを示している。これらをカウンセリングの治療場面に当てはめてみると、極めて初期の治療段階でクライエントが強い不安を示したり、あるいは、それ以後の段階においても不安が再発生する時は、治療的作業の中での複雑さを少しでも取り除くべきであり、したがって、単純学習が相対的に行われるべきである、ということである。治療における複雑な学習は、クライエントの不安が低いセッションで行われるとよい。

　カウンセリングの中で行われる学習の成果を決定する要因には、治療に対する誘因があげられよう。Hill（1962）によれば、大きな誘因は、もとの習慣と比べて逆転したものと連合した方が、習慣をより早く習得させることができ、また逆転をより早く生じさせるということである。さらに、大きな誘因は大きな消去抵抗と連合する。これらの見解は、明らかにカウンセリングや心理療法の原理と対応するものである。カウンセリングにおける学習で重要なことは、誘因の絶対量ではなく、相対的な量である。誘因の相対的な量とは、誘因のレベルが、ある場面から別の場面に移った時に示される量である。Crepsi（1972）によれば、カウンセリングの中での抑うつ効果は、誘因の大きさが期待したレベルより低いレベルに変化した時に生じ、逆に、満足反応は、それが高いレベルへ変化した時に生じたということである。したがって、もし、カウンセリングの中でクラ

イエントが大きな誘因に慣れてしまってから、小さな誘因の場面に切り換えられると、カウンセリングにおける学習成果は、小さな誘因を受けることによって得るレベルよりも、はるかに小さなものになってしまう。同様に、クライエントが小さな誘因に慣れてしまってから、ある時突然、大きな誘因に切り換えられると、カウンセリングにおける学習成果は、大きな誘因に慣れたクライエントのレベルよりは、もっと高くなると予測される。

　ここで問題になることは、カウンセリングの治療中の行動に対する一般的レベルは、治療外の場面で期待されるレベルと一致するかどうか、ということであろう。もし、治療場面で誘因が非常に大きい時、例えば、そこで得られる社会的承認が非常に大きい場合は、治療外の場面で普通の行動が期待され、誘因は低いレベルへと変化するので、抑うつ効果が生ずるだろう。したがって、カウンセリング場面では、クライエントが望ましい行動を起こすためにも、誘因を最小のレベルに維持することが必要になる。この場合、治療外誘因と比較して行う方がよいといえる。

　これまでに示した例から、学習理論の応用技法における要因について考察してきた。この他の重要な要因としては、カウンセリングの治療場面で起こる複雑な反応の生起と、それを維持する強化因子が考えられる。治療の中で強化の生起が遅れると、その治療効果は著しく弱められる。Mowrerら（1975）は、不安減少などの正の強化によって、いわゆる神経症的逆説を説明しようとし、神経症的反応の負の強化は遅延することを明らかにした。クライエントの負の結果が遅れる時は、正の結果がいかに早くやって来ようとも、そこでの反応は持続するということである。Renner（1964）は、比較的長い期間、遅延する場合は、言語的反応もしくは他の仲介反応によって、

橋渡しの役割をすることができる、と結論している。
　強化の遅延の中で、特に強化の傾向を変える研究は、カウンセリングの治療場面にとっても、極めて大きな意味を持っているといえよう。そして、学習理論を、より厳密にカウンセリングに適用することは、条件づけ療法をさらに一層効果的にし、また、広範囲なクライエントの症候や問題行動にまで拡大してその効果を高めていくことを意味するものである。

第11章
自己実現の理論と応用

　自己実現とは、自己の中にある人間の可能性を強く自覚し、その可能性を実現することにより、自分が人間的成長をとげることを身近かに体験することである。自己実現の基礎をなす理論は、自己肯定と自己信頼の考え方である。自己肯定とは、自己否定感や自己嫌悪感を乗り越えて、自己を受容し、自己を肯定する考え方である。またそれは、自己探究の活動を日常生活の中で経験していくことである。

　生徒指導や学生相談におけるカウンセリングは、カウンセラーとクライエントとの相談活動であるが、これを一種の行動と考え、この活動を行動理論によって説明し、クライエントの行動変容を目指そうとする活動が、行動カウンセリングである。行動カウンセリングにおいては、会話内容を刺激と反応とに分析し、クライエントが早く条件反応をもつように努力する。カウンセリングの中で、深く自己を認識させ、観察させ、自己の心の中に所在する可能性を発見させ、自己否定感や自己嫌悪感を、自己肯定感に変えていくように援助をすることが必要になってくる。

　カウンセリングにおける治療関係を通して自己に内在する人間と

しての可能性を強く自覚し、人間信頼の理念を自己信頼の原理におきかえ、自己肯定を自己信頼にまで高めていくのである。自己実現の原理には、自己洞察と自己変革の理論がある。自己洞察とは、自己観察によって自己を鋭く見つめる中に新しい自己を発見する。自己洞察によって、新しい自己発見ができると、それを基盤として、自分の物の考え方や認識の仕方が変化してくる。カウンセリングの過程においては、自己実現を体験していく中で、カタルシスの原理を体験し、自己の孤立や不安などによる劣等感や罪悪感を体験し、情緒的感受性を鋭くし、社会的モデリングなどの学習技法を通して、社会連帯感や達成動機の出現という自己実現のための重要なプロセスを体験するのである。

　カタルシスとは、自由な発言による感情の浄化で、カウンセリングの重要な原理である。それは、悪感情、否定感、嫌悪感、不信感、反抗感、混乱感、恐怖感、などの感情を言葉によって表出し、それらの感情を消去させるというものである。カタルシスは、自己実現の一つのプロセスであるとも考えられる。

　孤立とか不安の感情を、カタルシスの体験、すなわちカウンセリングを体験し、カウンセラーに対して真剣に自己を開放することは、ことに青年期の人々にとって必要であろう。なぜならば、青年は、独立を求め、自主性を求めるのに急なあまり、自己の中に閉じこもり、孤独を求めて現実から逃避することが多い。内面的な自己追及のあまり、他人との生活に対する関心が弱まり、集団生活を拒否することさえ起こる。孤独への追及と共に、疎外感や否定感が増大することになる。それと同時に、他者に対する関心を失い、無気力な態度や性格を強めてくる。その原因が自己の中にあることに気付かず、他人を非難し、現実から益々逃避し、社会生活から脱落するこ

とも起こってくるのである。しかし、正しい自己探究によって、生活の目標を確認して、達成動機を強く感じる時、青年の意識は変化し始めるであろう。

1 孤立と不安の体験

カウンセリングを受けようとしているクライエントが、治療開始前に、社会的孤立または社会的剥奪の状態におかれたとする。この状態に短期間でもおかれると、クライエントの感受性が高められ、対人的是認の価値が高められ、示唆能力が高められ、個人的および集団心理療法への感受性が高められて、次第に親密への欲求が大きくなってくる。社会的孤立の体験は、クライエントの広い適応力の喚起には必要なものの一つと考えられる。

クライエントが社会的剥奪を体験すると、その後の意見変化による社会的圧力への反応性が高められる。感覚的孤立の状態におかれてから誘導催眠を受けたクライエントは、その反応が有意に高められて、他人との接触の必要性を強く感ずるようになる。これらのことは、さまざまな剥奪による対人的影響と、その依存変数に及ぼす社会的孤立の関係を我々に示唆してくれる。

Gewirtzら（1978）は、一定期間、社会的孤立の状態におかれたクライエントが、その後、他の人との社会的接触による行動範囲を広げるかどうかに関心を抱いた。食物とか水などの刺激を剥奪されて、一定期間そのままの状態におかれると、生活体には、それらの刺激が最大の強化的価値をもってくる。その他の生物学的な強化因子も、先行期間に与えられた剥奪の結果、生ずるものと思われる、しかし、

対人的な価値をもつ社会的強化因子が、剥奪によって同様の影響を及ぼすかどうかは、今後の論争に待たなければならない面である。Gewirtz らは、被験者として子どもを対象とし、強化因子として、成人から承認されることによって生ずる効果を考えた。そして、社会的孤立の状態に子どもたちをおき、その後、大人の承認を得たいという欲求が確実に促進されると考えた。その後、子どもたちにゲームに参加する機会を与えて、社会的相互作用の強さを測定した。

　その結果、社会的承認の強化的効果は、孤立期間の後で最大となり、剥奪の無い期間の後には、強化的効果のレベルは中位となり、飽和条件の後では、そのレベルは最小となった。これらのすべての条件における社会的承認は、強化因子として作用していたことになる。また、剥奪条件下の者は、飽和条件下の者と比べて、社会的相互作用を自分から積極的に働きかけることが多かった。これらのことから、社会的孤立状態におかれた者が、その後に社会的強化を強く受けるのは、一般的刺激の剥奪に依存するというよりは、まず社会的刺激の剥奪に大きく依存すると考えられるであろう。これらの学習理論の基礎研究は、カウンセリングの臨床的場面にも適用できるものと考えられる。例えば、クライエントが短期間、社会的孤立を経験することにより、カウンセラーから受ける影響、クライエントの親密さへの欲求などを促進することが考えられる。

　社会的孤立の中で不安が生じた場合、社会的動因の喚起と関連してくる。我々が習得する数多くの動因の中で、ことに重要な動機的構成要素の一つは、不安であるとも考えられる。孤立して不安の強い人と、孤立はしているが不安のない人との間には、強化への反応性に差が見られる。社会的孤立は、それ自体では社会的影響への感受性に影響を与えないが、社会的孤立によって時として生じる不安

喚起条件のもとでは、不安のない条件下よりも、より大きくその影響を受けるといえよう。

　ここで2つの問題が生じてくる。その一つは、クライエントにカウンセリングを行う場合、カウンセラーの影響力を強めるような不安喚起の手段を考慮すべきかという問題である。その第2は、もし、そのような手段を考慮すべきであるとすると、その不安を最大に喚起させるには、どのような手続きがよいか、という問題である。これまでに述べてきたことであるが、不本意な気持や抵抗感を抱きながらカウンセリングに参加しているクライエントに対しては、そこで行われる方法も、そのクライエントの特異性に合ったものが選ばれるべきだ、ということであった。もし、カウンセリング場面の孤立による不安喚起が、治療者の影響力、親密さ、強化への感受性などを強めるものならば、それらを適用して、最も望ましい治療環境を考えることができよう。

　しかし、本来、不安は治療場面では望ましくないものである。Freud（1957）は、クライエントに最適なレベルの苦痛は、彼の変化を促すものであると信じていた。未熟な治療方法は、クライエントの変化への動機を弱めるものと彼は考え、治療者はクライエントの治療的生活場面を常に快適なものにしておく必要はない、としている。特に、さまざまな種類の恐怖症患者にとって、不安の果たす役割は重大である。Freudによれば、クライエントの恐怖不安を救うためには、彼を恐怖不安の生起する場所で治療活動を行うべきだ、ということである。

　Rogers（1957）は、これとは対照的に異なる立場でカウンセリングを考えている。彼は、クライエントに治療変化を起こさせるためには、治療に先だつ先行条件が重要であり、クライエントは常に傷つ

き易く、不安で、不調和な状況におかれている、と述べている。したがって、社会的孤立による不安喚起手続では、カウンセリング導入に際し、適切で十分なオリエンテーションと訓練が行われるべきであろう。不安喚起手続の一つとして社会的孤立を導入する理由としては、次のようなことがいえる。まず、カウンセリングの治療中に、社会的孤立の手続きを実施することは、それほど困難ではないことである。そして、これまでに行われた研究では、影響力とか親密性などの操作による孤立誘導不安が治療前に与えられているので、孤立には帰因しているが不安には帰因していないと考えられることである。さらに、社会的孤立の手続は、これまでに心理療法の流れの中で効果的に用いられてきたことである。

　これらのことを考え合わせると、カウンセリングの中で不安喚起手続をとる方法が、さらに適切であることが理解されよう。

2　感覚的および社会的剥奪

　Goldfried ら（1970）は、感覚的および社会的剥奪のカウンセリング場面への治療的重要性を指摘している。Azina（1975）は、精神病および神経症患者に社会的孤立期間を与え、それによって患者の動機づけ、社会化、自己主張が、それぞれ強められたと報告している。Smith ら（1979）は、感覚的剥奪手続を統合失調症の患者に行って、固有の症候が軽減したと報告している。Harris（1978）は、統合失調症の患者を孤立状態においた結果、彼らの幻覚は弱くなり、全体的症候が改善されたと述べている。Cohen ら（1970）は、精神病患者を社会的剥奪の状態においた結果、自我機能が促進され、友人関係を

つくる能力が増し、知的機能が効果的に作用するようになったと報告している。Gibbyら（1971）も、同様の患者群から、感覚的剥奪は、感受性および受容性の能力を高める、との結論を出している。これらの臨床的結果は、いずれもカウンセリングの治療場面にそのまま適用できるものと思われる。

3　感受性訓練の導入

　カウンセリングの治療時間以外のクライエントの生活に、特別に制限を加えて訓練セッションとし、いろいろな技能を習得させようとする試みも行われている。クライエントの日常生活における対人関係や社会的機能を強めるために、カウンセリング中では行えないような訓練を導入するものである。Rotterら（1972）は、クライエントを日常生活の諸機能に関する問題解決場面の中で訓練し、日常生活事態への般化現象が見られたことを報告している。そこでは、クライエントに問題解決への努力をさせることによって、それまでのクライエントのパーソナリティの堅さを少なくし、順応性を高める訓練が行われた。Wolkら（1975）は、統合失調症の患者を、社会的参加の強い場面において、患者自身による治療的努力を求める条件をつくったが、そこでも同様に、よい結果が得られている。この患者たちは、新しい場面で、見知らぬ人と接触する時にも、その技能の般化を見せた。

　このように、訓練セッションが、クライエントの日常生活にまで般化することは、治療上、常に望まれるところである。しかし、主体はあくまでも、カウンセリング・セッションそれ自体であって、

訓練セッションは、非公式で補足的な役割をもつものであろう。訓練セッションでの改善の可能性を高めるためには、クライエント一人ひとりの個人的、対人的技能の概念化が明確に行われることである。

　対人知覚の分野では、これまでに、対人的正確さ、推量による類同性、リーダーシップ、小集団行動、対人的判断の普遍性、判断と客観性、集団間の比較などの研究が行われてきた。対人知覚に関する初期の研究は、方法論が時として複雑なものが多かった。対人知覚の下位分野の一つに、対人的コミュニケーションに及ぼす情緒的表出に関するものがある。この分野では、例えば、表情と音声の感情表出、その表出によるコミュニケーションの手がかり、情緒的表出の解釈の正確さにおける個人差および集団差、などの研究が行われている。これらの諸研究をカウンセリングの分野に応用できるとすれば、コミュニケーションの理解と感受性訓練による対人関係の促進という側面が浮かび上ってくる。

　なぜならば、コミュニケーションの理解と感受性訓練の分野は、特に、神経症および、精神病患者の心理療法を行う場合に、重要な示唆を与えてくれるからである。心理療法を受ける患者のほとんどの者は、自分と他者のコミュニケーションの知覚に関して、不正確になり、それを歪曲する傾向があると考えられる。対人知覚における不正確さや歪曲が、患者の感受性を不必要なレベルにまで高め、あるいは低下させる。あるいは、そこにおける対人知覚の欠如をもたらし、質的に知覚を誤らせ、混乱を引き起こしていると考えられる。我々は、自分を取巻く下位文化の中で、現象的な経験を適確に理解できない時には、コミュニケーションの能力は、ある種のハンディキャップを負ったものとなるだろう。このハンディキャップの

程度は、我々の情緒的経験、言語表象、文化に対する現象的意味づけ、などによって定まってくる。コミュニケーションは、一般的には、適切な手がかりを伝達する過程であるといえる。ここにおける適切な手がかりは、欲求の満足を充足するための、継続的な努力を必要とする。コミュニケーションを行うためには、それに必要な経験や手がかりがなければならない。必要な手がかりが与えられて、一般的で現象的な理解ができるようになればなるほど、コミュニケーションも適切に容易に行える。

これと逆の場合を想定してみると、社会的場面での行動的反応の仕方を学習することに失敗すれば、他者の理解に障害を招くようになる。それによって、社会的手がかりに適切に反応することができにくくなり、さらに、他者とのコミュニケーションにおける動機づけも低下してくる。他者と相互理解しようとする動機は、社会的な手がかりを把握する技能を伸ばす上で重要なものとなってくる。情緒的なコミュニケーションに対する感受性は、カウンセリングによって高められるものであろう。そして、治療におけるクライエントの感受性を効果的に高めていくためには、通常のカウンセリングと感受性訓練とを、適切な形で対応させていくことが必要であろう。

情緒的コミュニケーションにおける感受性や正確さを高めるために、表情や音声の表出を分析したり、解釈したりする訓練を行うことができる。例えば、クライエントに、顔の表情を解釈させてから、図式的な表情とそれに対する情緒的表現の訓練をする。その後、顔の表情に関する解釈を再度行う。このような訓練を受けた人は、受けなかった人よりも、顔の表情を同一化して解釈する傾向がある。感受性訓練は、表情理解の正確さを高め、それらの能力の劣る人にも、訓練によって高めることができる。さらに、この訓練を次のよ

うな方法で行ってみる。顔の表情を、例えば、痛み・悲しみ、驚き・恐怖、怒り、むかつき、喜び、などとする。そして、これらの沢山の表情の絵を見て、最も強く感じた情緒名を記入する。この場合、そこに表現されている表情を、できるかぎり正確に判断して記入するようにする。これらの訓練を行うと、はじめは顔の表情の理解がほとんどできなかったものでも、かなり正確に情緒をつかむことができるようになる。

　Mattis（1974）は、情緒的表出に対する感受性を高める手段について報告しているが、そこでは、顔の表情と音声による表出を研究の対象としている。被験者は大学生で、まず統制群は、テープに録音されている声を聞き、その情緒的表出がどんなものであるかを問われた。その後、休憩時間をおいてから、再び同様の方法で質問に答えた。これに対して、実験群は、テープ録音を判断する前後にいくつかの下位集団に分けられた。そこで、話し手が読み上げる音声を聞き、それに対する情緒的な意味づけについての判断を行った。そこでは、テープから聞きとれる読み手の音声を、できるかぎり正確につかむようにとの教示を受けていた。ここでの大学生たちは、読み方に込められている情緒的表現を、これまでの自分の体験から正しくとらえようとした。テープ録音は繰り返して聴くことができ、大学生たちは、その都度、話し手の声を判断した。その後、テープに吹きこまれている声の表情を、自分自身でも表現してテープに吹きこむように、と言われた。最後に、この表情の情緒的表現について、下位集団の中で討議をした。この結果、実験群の大学生たちは、統制群よりも、表情を理解する正確さが有意に多く向上した。

　情緒的なコミュニケーションに対する感受性を高める訓練は、我々のいろいろな現実の日常生活の中でも行われている。言語的コ

ミュニケーションの能力は、学校の教育現場で行われるよりはむしろ、普段の生活場面の中で伸ばされていることの方が多い。Mattis の研究は、非言語的なコミュニケーションに関する計画的な訓練が、人の感受性に少なからず影響を及ぼすことの可能性を示している。これらのことから、臨床心理学者、精神科医、そしてソーシャル・ワーカーらも、これらの分野の研究結果を、自分たちのクライエントに適切な形で教育・訓練する中に生かしていくことが必要と考える。

情緒的表出に関しては、これまでに数多くの研究が行われてきた。その一例をあげると、種々の表出が何を意味しているかについてランクをつけるもの、刺激材料にポーズをとった姿、とらない姿をフィルムで比較するもの、同一化をすすめる手がかりや特定の顔の表情に関するもの、情緒の表出に関する知識の正確さを決める要因、表出を判断するときの先天的因子と習得的因子、コミュニケーションの送り手との親密さに関連する表出的判断の影響、表出の判断の正確さに影響する性別および知能水準、音声による情緒的表出の速度、声の高さ、話し方の特徴、情緒的感受性とパーソナシティの認知的相関、対人関係に及ぼす情緒的感受性の影響、情緒的表出の文化的差異、などがある。

視覚障害者と健常者に、数多くの情緒的判断の機会を与えたのは、Blau（1974）である。彼は、音声による情緒の判断の正確さに関して、とくに、明確な教示が与えられない場合、会話中の情緒面に注意を向ける程度を明らかにしようとした。その結果、判断の正確さに関して、視覚障害者と健常者の間に有意差が見られなかった。両群間に有意差があったのは、視覚障害者は健常者よりも、話し手のスピーチの情緒面に注意を多く向け、情緒の細部まで注意力が行き届き、

第 11 章　自己実現の理論と応用

また日常生活の中で音について説明するときは、より生き生きとしていた。

　視覚障害者は、健常者と比較した場合、情緒を理解する正確さの点では劣るが、情緒的側面に注意を向けるという点では、後者よりも高いレディネスをもっていると思われる。そしてこのことは、感受性の概念にも共通している面がある。健常者は、見ることによって表現することができるために、視覚障害者が聞くことによって表現する習慣が発達しているのと比べると、彼らは、それほど、その必要性を感じていない。健常者も、自分の聴覚環境の中の情報を最大限まで利用できるはずであるが、視的な恩恵に浴しているために、それらをうまく生かしていない。さらにこのことにより、視覚障害者は自分の世界を探究する場合に、感じるということに気持を集中させるということが理解できる。健常者も、そのような能力はもっているのだが、それが視的刺激に専領されてしまうために、ほとんど使用されなくなっている。

　これまでに取り上げてきたことは、カウンセリングの中で、クライエントに、情緒的感受性訓練を行う場合の重要な具体的手段を示唆している。その手段とは、例えば音声による情緒的表出への感受性を訓練している間に、視的な手がかりを遮断するという方法である。さらにまた、顔の情緒的表出に対する感受性の訓練中に、聴覚的な手がかりを遮断するという方法である。Hornsteinの研究（Daritz, 1974）は、情緒的感受性訓練に別の可能性を示唆している。彼は、クライエントがカウンセラーの気持ちを十分に良く読むことができる場合には、彼らの対人関係は良くなるだろうと考えた。彼は、病院入院中の患者を対象者に選んだ。そこで、同室の入院患者の組合わせが極めて良く両立している者と、組合わせが悪いために両立し

ていない者の両群を作った。両立性の悪い組合わせとは、3ヶ月間一緒に入院していて相手を変えた場合である．

　この場合、彼らは2種類のソシオメトリー得点で、全体のサンプルの中央値よりも低い得点を示した者である。両立性の高い組合わせには、少なくとも3ヶ月間、同室患者の相手の変更を請求せず、しかもソシオメトリー得点が、中央値よりも上を示した者の組合わせであった。各々の患者は、標準化された手続きにしたがって相手とコミュニケーションを交わし、その中で、愛情、怒り、退屈、喜び、楽しさ、短気、悲しみ、満足、などの情緒を表現するようにいわれた。この結果、両立性と感受性の間には、明らかに相関関係が見られた。両立性の悪い組合わせでは、感受性の非常に高い者と低い者がみられ、また、両立性の良い組合わせの者は、感受性がほぼ中位に分布していた。

　これらの結果から、対人関係でお互いに両立するには、最小レベルの感受性が必要だと考えられる。このレベル以下の者は、お互いが無知であるために、両者間に葛藤が容易に起こるのであろう。他方、お互いに余りにも高い感受性をもっている場合には、対人的機能が妨げられる。したがって、日常生活の中で、他者と一緒に生活する場合には、ある程度、隠れた部分や、対人的抑圧が必要であると考えられる。

　彼は、第2研究の中で、パーソナリティや知覚と、情緒的感受性との認知的相関を明らかにしようとした。そこで、集団間の妥当性を比較するために、対象者を2群に分けた。そして彼らに情緒的感受性テストを行い、次にパーソナリティ・テストを行った。その結果、情緒的感受性とパーソナリティの間に、有意な相関が見られなかった。そこで、次のアプローチとして、情緒的感受性と知覚・認

知的側面の相関を見る手続を行った。そこでは、はじめの研究とは非常に異なる結果が得られた。情緒的感受性との間に有意に高い相関がみられたのは、言語的知能、抽象的・象徴的能力、聴覚弁別能力、音声の特徴に関する知識、の4つの予測変数であった。

上でとり上げた研究結果は、情緒的感受性が、複雑な刺激、仲介的知覚、象徴的過程とも大きく関連することを示した。情緒的感受性に関しては、これまでに、第3の耳、などの用語を用いて検討されてきた。そこでは、測定不可能な仮説的構成因子によって理論づけが行われているので、その発展が妨げられてきたとも考えられる。

カウンセリングの中で感受性訓練を行う場合に問題になることは、患者の選択であろう。すなわち、言語的知能の高い者や、抽象的・象徴的能力が優れている者には、これまでに扱ってきたような研究結果をそのまま当てはめることはできない。したがって、このような目的にそってクライエントを選択する場合には、その予測因子を十分に反映させることであろう。言語能力の優れたクライエントを選択するか、訓練によって最も恩恵を多く受ける者を選択するか.あるいはまた、これらの特性の低いクライエントは、その訓練を必要としているので彼らを選択するか、などの問題は、各々のカウンセラーの個人的選択にまかされている。

感受性訓練は、次のいくつかの条件が満たされるならば、カウンセリングで取り入れていくことができよう。すなわち、クライエントが他人の情緒状態を知覚し、正確に記述し、適切に反応することに援助を求めたか、クライエントが、実際に感受性を高めたと決定できるか、感受性訓練が他の手続きよりも有効であると判断できるか、などの点である。

4　社会的モデリングと行動学習

　我々の行動には、意図的、無意図的に他者の行動を模倣することによって、形成され、強化されるものがある。臨床場面でも、この原理が応用される。まず、カウンセラーが生きたサンプルとして、クライエントのとるべき行動を行う。クライエントは、その行動を見ていて、自分自身もその行動を行うように求められる。望ましい行動達成の頻度は、漸次増加される。その間、カウンセラーは言葉による強化を与える。

　次に、映像（映画、スライドなど）、テープ（録音テープ、VTR）をモデルとする方法がある。これには、モデルの行動を事前にコントロールできるという利点がある。モデルの行動に対する忠実なモデリングが要求される場合、クライエントには、フィルム、テープに収録されているモデルの行動を、忠実に模倣することが要求される。モデルの行動に対するモデリングが期待されるが、必ずしも忠実なモデリングは要求されない場合、クライエントは、映像やテープによって、基本的行動のパターンを学習する。あわせて、映像、テープ視聴によって生じた問題意識に関して、カウンセラーを交えた討議の機会を通して発展させていく。

　例えば、進路選択の問題をもつ高校生に、他の高校生が職業選択について話し合ったテープを聞かせる。テープ聴取の後、集団討議を行う。

　次に、書物の活用がある。カウンセラーは彼の行動変容に有益と思われる自伝、日記、文学書を読むように勧める。その後、問題点について討議し、必要な強化を与える方法である。

（1）高校生の進路指導カウンセリング

〔対象〕高校卒業後の進路について、カウンセリングを受けることを希望する生徒。

〔方法〕

　第1段階　　強化セッション：ここでは、言語的オペラント条件づけが行われる。生徒の特定の行動に対して、カウンセラーは正の言語的強化を与える。例えば、情報探索行動などに対してである。生徒が、職業的情報に関する報告、関心、興味などを示した時、カウンセラーは、言語的および非言語的に正の強化を与える。それは、生徒がその種の行動を示した時すぐに与えられ、セッション中ずっと継続して示される。

　第2段階　　強化カウンセリング・セッション：1週間ごとに2回、1回1時間のカウンセリングで、高校卒業後の進路に焦点が当てられる。カウンセラーは、進路計画およびそれに関する情報収集などに関して、どのようにカウンセリングをしていくかについて、生徒と話をする。カウンセラーは、さしあたって、生徒個人の職業目標に関する情報に関して何を集めるべきかを質問する。そこで生徒が、情報探索行動を示す時はいつでも、即座に強化が与えられる。その後で、カウンセラーは生徒に、「来週もう一度ここへ来てください。職業計画について話し合いましょう」と伝える。次の週のカウンセリングで、カウンセラーは、生徒の職業選択に関して、将来学習すべき事柄に焦点をあてる。

　第3段階　　モデル強化セッション：この方法では、テープ・レコーダーが用意され、望ましい職業選択行動を示した社会的モデルが話をするのを聞かされる。ここで用いられたテープは15分のもの

で、その生徒が望ましいと報告した職業が扱われた。ここで想定されたことは、社会的モデルの話を聞いた生徒は、自分と同一視して、そのモデルの行動を模倣する、ということである。

第4段階　映像強化カウンセリング・セッション：ここでは、モデル強化とほぼ類似しているが、社会的モデルの話を聞く時に、映像を見るという条件である。この映像は、職業指導協会が編集したもので、「大学へ行こう。職業へのチャンスをつかもう」と題するものである。その内容は、高校卒業後の多様な進路を指導するために作成されたものである。映像を見終わって後、生徒から卒業後の情報探索行動に関する話があるたびに、強化が与えられる。

ここでは、次のような仮説が考えられる。すなわち、すべての行動強化では、進路に関する進路探索行動が、一層活発に行われる、ということである。さらに、モデル強化では、進路探索行動が、一層促進されるということである。これらの方法は、高校生の進路指導に、社会的学習理論を適用することによって、効果を上げる。それによって、生徒ひとりひとりの職業に関する意志決定の過程を把握することである。

〔検討〕高校の職業指導の中では、個人の職業カウンセリングのみならず、小集団およびクラス全体による行動強化をすることも可能であろう。職業カウンセリングにおけるカウンセラーの役割は、生徒に職業に関する詳しい情報や資料を提供するだけでは不十分である。彼らの進路決定過程において、関連する情報選択を方向づけ、職業的意志決定を行っていく学習過程を援助することこそ、その主要な責任である。

（2）大学生の職業カウンセリング

　大学生の職業カウンセリングで、社会的モデリングを行い、職業的意志決定の学習を行っていく方法について述べる。ここでは、主として、模倣学習と言語的条件づけが併用される。大学生は、社会的モデル・カウンセリングのテープを聴き、その意見を聞くことによって、系統的に強化される。このアプローチは、Krumbortzら（1965）よって行われたものである。ここでは、伝統的な方法に、職業カウンセリングを併用する方法が使われた。社会的モデリングは、外的に統制された学生に用いる方が効果的であり、他方、伝統的なカウンセリングの方法は、内的にまだ統制がとれていない学生に効果を上げることが予想される。いずれの方法も、ともに、カウンセリングを受けない学生よりも、職業意志決定学習を一層有効にすすめることができるものといえよう。

〔対象〕職業カウンセリングを受けることを希望する大学生。職業カウンセリングの実施に先立って、全員がIE尺度（29項目から成るRotter作成のもの）、職業意志決定尺度・学生の専攻に直接関連したもの）、D尺度（Hogt作成のもので、専攻関連の職種を扱ったもの）を行う。それらによって、大学生を次の3群に分ける。(a) D尺度が低い者、(b)「あなたは、カウンセラーと、職業適性について話し合いたいですか」という質問に、「はい」と解答した者、(c) IE尺度で低い得点を示した者と高い得点を示した者を合わせた群。

〔方法〕モデル強化カウンセリング。初回の職業カウンセリングでは、学生たちは15分の録音テープを聞く。テープでは、他の学生がカウンセラーから、自分の専攻に関する職業意志決定に関して、系統的に強化が与えられている。その後、それと同じ質問についてカウンセラーから聞かれ、強化される。意志決定は、学生から専攻関連の

職業意志決定に関する意見が聞かれた時に、これを反応数としてとらえる。したがって、そこでは単なる将来に関する言語的な反応から、行為に至るまで幅広いものが含まれる。

次に、自分に可能な8つの職業分野に関して、関心の程度を調査項目に記入する。カウンセラーは、その調査の結果について学生と話をする。そこでは、カウンセラーは、学生の意志決定反応を強化するように対応する。

〔検討〕職業カウンセリングにおける社会的モデル強化の方法は、職種の選択、決定に関する満足度に大きな役割を果たすことができた。また、職業意志決定の調査項目を通して、大学生の職業選択への動機づけを高め、大学生活全般の自己発達の面から認識する機会を与えることができた。

一般的にみていえることは、社会的モデリング技法によるカウンセリングを受けた学生は、単に助言を受けた学生よりも、職業情報への探索が活発になる。その中でも、とくに自己評価の高い学生は、情報探索行動が積極的に行われる。また、面接場面以外での一般的情報探究行動が次第に活発になり、自分の専門的職業への動機づけが高くなる。

大学生は自己統制の能力をもち、自主性を発達させ、自己解決能力と自己指導能力をもち、健全な価値感を確立していく時期にある。また、彼らは日常生活の中で具体的な目標をもち、それを達成し、充実した日々を過ごしたいと願っている。大学生は、強い自己探究心をもち、自己の中にある人間としての可能性を自覚し、自己変革を目指している。さらに、彼らは、多くの困難を乗り越えて、自己への挑戦を試み、自己実現へのプロセスを体験し、自己の人間的成長を体験する時期である。したがって、青年の自己実現のプロセス

においては、適切なカウンセリングによって青年の心理的危機に対応し、一刻も早く、孤独と無気力と失敗感から脱出させ、意欲的な生活に導くことが期待されるのである。

(3) 代理性学習における媒介過程

　これまでに述べてきた方法は、社会的モデリングの一般的方法であるが、この方法とは別に、いわゆる自発的寛解による症状消失の問題がある。カウンセリングに申込みが済んで、待っている期間は、クライエントにとっては何もしない時間である。この期間中に、治療を目的としないインテーク面接者、心理検査者面接者との面接だけで症状の消失するクライエントが少なからず存在する。彼が、最終的に本来の治療者とのカウンセリングを開始する前に、何らかの態度変化が時として起こり得るのである。この前後関係をもっと有効に活用すべきである。そうすれば、クライエントは、最小限度、この種の起爆剤に呼びさまされるので、たとえ、あるクライエントには完全な形の自然的寛解は起こらなくても、その後の治療への準備体制は整うであろうし、そのことによって治療効果も早く生ずることが予測される。

　自然的寛解をクライエントに起こすための一つの方法は、治療開始前に、治療事例やフィクションの事例についての映画やビデオ・テープを見せるものである。このような経験を広義に解釈すれば、クライエントが、カウンセリングの性質やクライエントの適切な役割行動や、現在の問題とその原因などについて、代理的に学習する機会を与えようとするものといえる。本来のカウンセリングの根本的な問題に加えて、このように治療開始前の経験にも、十分考慮すべき問題が残されている。

ここでクライエントに提示される社会的モデリングとしてのテープやビデオの使用は、幾つかの問題を含んでいる。すなわち、テープやビデオは、どのような特質をそなえたものであるべきか、それらは、クライエント一人ひとりを対象として提示するか、それとも集団に提示するか、その集団は同質集団と異質集団のいずれがよいか、事例モデリングは途中まで視聴すべきか、それとも完全にまとまったものを視聴すべきか、などの数多くの問題を含んでいる。

　ここでテープなどによって行われる代理性学習は、他者の行動がモデルとなり、そのモデルによって強化されるものである。代理性学習に類似した概念としては、社会的学習と模倣、同一行動、対応と依存の行動、能動的模倣などがある。さらに、感情移入学習、観察学習、同情性、モデルとの同一視、モデリング効果、抑制効果なども、これに近いものであろう。代理性学習に入るものの範囲を定めるためには、そこに包含されるものと、除外されるものの基準が必要である。包含されるものの原則的規準は、クライエントが個人の反応体系の中で修正を行うことができるということである。それは、観察者が同一の環境刺激に対して、直接に反応するのではなく、他者の行動を観察することによって行われる。他者または代理者の行う反応は、観察者にとって、あたかも自分自身が行う場合と同じ効果や、類似した効果をもっている。

　代理性学習では、観察者には直接的強化が与えられない。そこでは、行為者であるモデルが強化刺激を呈示することによって、観察者であるクライエントの反応の強さを変化させようとする。模倣は、厳密には代理性学習と異なったプロセスをもつと考えられる。しかし、この二つのプロセスを行動の上から見ると、結果は同じになる。模倣学習のプロセスは、適切な手がかりに正しく反応するようにす

ると、一層早く達成される。模倣による予備段階では、適切な環境的手がかりとは独立させて反応する方法を用いる。

　模倣は、学習において、欠くべからざる側面をもっている。別の刺激が、望ましい行動を生起させる場面においてさえ、社会的モデルを用いて、その習得の過程を著しく縮少することができる。これらの基礎的な代理性学習現象は、言語的条件づけの中で、しばしば見られるものである。例えば、テープに録音された単語を断続的に言うという条件をつくる。第1群は、直接的に強化される。そこでは、条件づけられる単語を言う度に、言語的承認の強化が与えられる。第2群には、代理性強化が与えられる。テープ中のモデルが批判的反応をした時に、言語的承認による強化が与えられる。第3群では、直接的強化と代理性強化の両方が与えられる。第4群ではそのいずれの強化も与えられない。このような条件のもとでは、代理性強化は、直接的強化が超越しない範囲まで学習が促進される。代理性強化を与えられた場合の学習量は、直接的強化を与えられた場合と同様に、大きく増えるのである。

　観察者が自分で目に見える反応をせず、習得期間中にいかなる直接的強化も受けないまま、他者の行動やその反応結果を観察すると、新しい反応が学習され、または、既存の反応の様相が変化すると考えられる。ここで問題となることは、クライエントに呈示する社会的モデルのテープや映像の内容と、それを見るクライエントの特質に関することである。

　カウンセリングの中で用いる代理性学習の社会的モデリングの映像に関して、その技術的特徴を今後、各々の事例に対応して明記していく必要がある。そこでは、各々のクライエントに、治療に先立って与えない治療的学習は何か、という点に焦点を当てて行われる

とよい。この場合に、いくつかの疑問点が浮かび上がってくる。第1に、すべてのクライエントにとって、治療効果を速やかに生ずるための、代理性学習材料が必要になることである。しかもそれは、本来の目的であるカウンセリングが開始になるまでの残された期日を、いかに有効に使うかという、時間的制約も加わってくるものである。第2に、クライエントが、ほかのクライエントと自分が極めて類似しているのだという事を、明確に学習する必要があるということである。自分の主訴だけが、誰も悩んだことのない重大な症状であるという確信を弱めるためである。一般的にみて、どんな種類のクライエントにも、共通して使用できる代理性学習映像は、例えば、「カウンセリングとは何か」「カウンセリングにおけるクライエントの役割」と題するものである。

　代理性学習の映像具体的な内容には、例えば「クライエントであるとは、どういうことか」、「クライエントからみた権利と義務について」、「クライエントは、治療中のこの権利をいかに守り、義務をいかに果たすべきか」、「クライエントは、カウンセリングに何を期待できるか」という内容が、適切であろう。「クライエントが、自分自身と他者の行動に関して、どのような期待をもつべきか」というテーマは、極めて重要な内容を含むものである。とくに、治療期間の長さと、治療結果に対する期待の意味づけは大事なことといえる。

　カウンセラーとクライエントの期待する役割行動が不調和で、非相互的になった場合、その後の治療関係はまずくなり、その終結の仕方も未完成なものとなる可能性が強く、クライエントも、ほとんど何らの治療的行動変容を示さないことが予測される。精神科医が、外来クリニックで患者と面接する際、その患者との間に、言語的関係、洞察・指向的な心理療法などの場面構成ができていないと、患

者は、「精神科医から忠告を得たい」とか、「精神科医と面接するために来院したのではない。投薬さえしてもらえれば十分である」などという、本来の治療者への期待とは逆の方向の意見が出されることがある。カウンセラーとクライエントの場合にも、これと全く同様のことが起こり得るのである。

　治療に先立って行われるものに、インテーク面接がある。このインテーク面接で、治療中にクライエントに対してどんな役割期待がかけられているかを強調した場合は、そのような強調をせず役割誘導面接を受けなかった場合と比較してみると、はるかに治療効果が大きく現れる。このことからも、カウンセラーとクライエントの抱く治療への期待像は、うまく連合することが望ましいといえる。あらゆる治療過程の中で、この種の場面構成をうまく導入してこそ、治療効果を早く上げ得るのである。この連合がうまく行われることによって、カウンセラーとクライエントは、自分自身および相手の行動に対する期待を分ち合い、理解でき、それを通して、各セッションでの治療に専念できる。

　どのような症候をもつ患者にも使用できる代理性学習映像を用意できれば、カウンセリングやその他の治療を待っている人たちに対して、集団学習の機会を一様に与えることができて更に効果的である。この代理性学習映像に登場する主人公のモデルは、特定のまれな症候よりは、どのようなクライエントも共通してもっているような症候を示す方が適切である。

　代理性学習による効果を一段と高めるためには、その学習が行われる集団の成員構成に配慮を要する。例えば、インテーク面接の結果から、対人恐怖症患者が選び出された場合、これらの同質の集団に提示される代理性学習映像は、対人恐怖を扱った内容の方が、な

お一層適切であるといえる。このように、幾種類かの症候に関した同質集団が構成されれば、同質集団の患者による集団カウンセリングを行うことができる。集団カウンセリングの場面では、患者同士が自分と非常に似た問題で悩んでいる人達のことをつぶさに知る機会が持てる。また、その同じ場面で、治療者とは自分たちに何らの脅威も与えない人であることを学習させることができる。そして、そこで精神病理学的方法を行うことによって、自分たちの行動に変化の一石を投げかける人が治療者である、ということを学習させることができる。

クライエントに呈示する代理性学習映像は、数多く何種類も用意する必要はない。理想的には、一般的なクライエント群と、特殊な群の2群に分ける。前者は、期待に関する場面構成を目的とするものであり、後者は、例えば、恐怖反応の治療を目的とするものである。最小限度この2種類の映像を用意し、2群のクライエントに呈示することによって、代理性学習を集団対象に行う。この方法によって、その後の治療時間を節約でき、余ったカウンセラーの時間は、より多くのクライエントに当てることができる。

代理性学習映像の内容に関して、このほかの重要な側面を検討してみる。映像に関する一般的あるいは特殊な内容のオリエンテーションそれ自体とは関係なく、代理性学習を促進する問題は、映像にモデルとして登場する人物の反応の仕方である。映像の中で、カウンセラーが社会的モデルの行動に強化を行えば、それを見たクライエントは、強化された行動を自分でも多くする傾向が生まれるだろうか。

例えば、次の場面を設定する。大人のモデルが攻撃行動をし、それに対して厳しい罰が加えられる、という内容の映像を子どもの第1

集団に見せる。また、同様の行動をしたモデルが承認されるという映像を第2集団に見せる。第3集団の子どもたちには、モデルの反応による罰も強化も与えられない。これらの代理性学習の習得期間中、子どもたちは現実の反応を何らしないし、もちろん強化も罰も与えられない。したがって、ここで行われた学習は、純粋な意味での代理性学習と考えられる。

模倣学習に関する映像を視聴した後、社会的モデルの攻撃行動に対する賞や罰の効果を調べてみると、映像を見ている子どもの模倣行動も、それによって変化することがわかる。社会的モデルが罰を受ける映像を見ている子どもは、攻撃反応を実際にする回数が少なくなる。

次に、これと類似しているが、次のような場面を設定する。すなわち、逸脱行動をした社会的モデルが、賞を与えられる条件、逸脱した社会的モデルが罰を与えられる条件、そして、社会的モデルが全く現れない条件、の3つである。まず子どもたちは、全員が使用することを禁じられた魅力的な玩具が沢山おいてある部屋に入る。第1条件の子どもは禁じられた玩具で遊んだ社会的モデルが、そのことで賞を受けるという代理性学習映像を見る。第2条件の子どもは、その玩具で遊んだために叱られる社会的モデルの映像を見る。これらの映像を見てから、子どもたち全員は、それらの玩具で、何らの注意を受けることもなく遊ぶ体験をする。このような条件では、代理性学習映像の中で社会的モデルが賞を受けるのを見た子どもは、罰を受けるのを見た子どもよりも、早く玩具のところへ飛んでいき、その玩具で、より長時間遊ぶ傾向を示すのである。

次に、代理的に条件づけられる情動反応の例をみてみよう。多くの場合、学習者の目前で社会的モデルに罰が加えられると、恐怖反

応が条件づけられる。例えば、第1条件では、光が薄暗くなってくるといつでも、社会的モデルに嫌悪刺激が与えられる、と告げられる。光の減光は、各試行に先行するブザー音と共に行われる。第2条件では、光が薄暗くなるといつでも、社会的モデルが自由意志による腕運動をするが、嫌悪刺激は全く受けないと告げられる。ブザー音に対する学習者のGSR（皮膚電気反射）の頻度は、代理性学習の尺度になる。このようにすると、社会的モデルが嫌悪刺激を受けるのを見た学習者は、代理的に条件づけられる情動反応が多くなる。このことから、逸脱と一致した社会的反応形態は、社会的モデルの影響を受けて、ただちに伝達される。また、模倣学習は、社会的モデルが賞を受けることによって促進される、といえよう。他方、社会的モデルが罰を受けることを学習すると、彼らは新奇な逸脱行動を慎み、あるいは、すでに学習した逸脱行動を自制するようになる。このように、治療開始を待っているクライエントに、代理性学習フィルムを用いる方法の中で、社会的モデルに強化を与えることによって、クライエントの学習を促進することができる。

　ここで与えられる強化には、例えば、社会的モデルに対して治療者が賞讃の言葉を述べたり、トークン（賞）を与えたり、映像に出てくる登場人物のコミュニケーションがスムーズに促進されたり、映像視聴後の討論で、治療スタッフが結果を知らせたりする方法が用いられよう。代理性学習映像の社会的モデルの行動に強化が行われる問題にさらに加えて、代理的学習に影響を与える社会的モデルの問題には、このほかにもいくつかの要件があげられる。それは、般化の問題である。

　代理性学習における般化は、例えば、映像に登場する人物が、映像の中の社会的モデルに類似していればいるほど、代理性学習は速

やかに行われる。社会的モデルの観察時点が、現在に近ければそれだけ、代理性学習は十分に行われる。社会的モデルの行動が何回となく繰り返されるほど、代理性学習は十分に行われる。社会的モデルに与えられる強化に関して、学習者が十分に知識をもっていない場合、社会的モデルが近い時点で強化される時に、代理性学習は十分に行われる、といえよう。

　この節のはじめで、カウンセリングに対するクライエントの期待について、すでに述べた。それは、クライエントの治療に対する期待が、彼のこれからの治療行動に決定的な影響を及ぼすという問題である。期待効果に関して生じてくる疑問は、孤立手続によって不安が喚起されるか、あるいはまた、孤立と不安によって感受性が強められるか、というものである。この疑問の一方は、孤立手続に期待する際の機能に関したものであり、他方は、それによる結果の機能に関するものである。

　孤立効果に影響を及ぼすものとして、孤立前に与えられる教示の役割が考えられる。孤立前に、感覚的剥奪の状態におかれ、そこで認知的、知覚的反射を経験する教示が与えられる。すると、中性的な教示を孤立前に与えられた場合よりも、孤立効果が大きく現われる。

　また、2種の教示を与えてから、暗闇の中で視覚実験を行い、教示の効果を比較してみると、暗闇でも、ある感覚が働くはずだという教示を与えられた場合、そのような視覚経験を経験する。さらに、孤立後の行動に影響を与えるのが目的で、孤立前に期待を操作すると、所期の目的が達せられ、その行動に大きな影響を及ぼす。これまでに、いくつかの例で見てきた効果は、催眠実験の中での誘発因子にも見られるものである。

これらのさまざまな経験による効果には、少なくとも2種類の構成要素が含まれている。その1つは、真実の実験効果によるもので、先行して与えられる独立変数によって変化するものである。その第2は、実験的状況に注意を払うという社会的な手がかりによって、変化するものである。これは、先の独立変数とは、直接に関係のないものである。さまざまな感覚的剥奪に関する研究は、このような偏見によるものを類別する必要がある。

　感覚的および社会的剥奪に関しては、これまでにも触れてきた。ここでは、それらを期待効果の側面から検討する。いわゆる緊急時信号に関する一例をあげることから始めよう。実験施行に先立って、禁制解放の合図を信号で送るような条件をつくる。それは、否定的な経験を予測させるために有効な手段として用いられるものである。実験群の方には、孤立した状態でしばらく置かれてから、感覚的剥奪が十分に効果を与えるような条件のもとにおかれる。彼らは、精神病院での実験を受けることが、予め知らされている。精神病院では、精神科医から生育歴などの医学的事例史の問診を受ける。そして、精神科医から、視的心像、空想、感情、集中困難、幻覚、見当識障害などを感じた時は報告するように言われる。そして、今の状態で上記のような体験をすることは、それほどまれなことではないこと、何か少しでも不快感を感じた時は、この緊急時信号を押すように、その時は私があなたに出来るかぎり援助の手を差しのべること、などについて告げられる。

　これとは反対に、統制群には、何ら特別な状況は設定されない。医学的事例史に関する問診も受けず、緊急時信号のことを告げられることもない。また、視的心像、空想、感情、集中困難、幻覚、見当識障害などに関する報告をすることもない。ただ、感覚的剥奪の

場面に参加していることを告げられるだけである。このような条件のもとにおかれた時、実験群は、統制群と比較して、感覚的剥奪の影響を大きく受けることは、当然予測されることである。なぜならば、いかなる実験においても、被験者の反応は、現実的な場面、すなわち、緊急時信号とか精神科問診などに対して示されるものであり、そこでの実験的背景、与えられる教示、処置、操作それ自体の手がかり、などによって作り出される社会的事態の中で示されるものだからである。そこで与えられる手続は、感覚的剥奪ではなくて、むしろその後に置かれた孤立状態によるものと予測される。そこでの誘発因子は、両群間では全く異なるものである。このような条件下での反応は、孤立状態がそれぞれの誘発因子と結びついたものによると考えられる。これらのことから、孤立状況の前に与えられる教示が重要なものであり、この教示を適切な方法で与えることによって、カウンセリングの治療効果を最大にすることができることを示唆するものである．

(4) 代理性学習における学習者の特質

心理学者の多くは、学習とは本質的には、刺激と反応の結合による再編成であると理解している。他の研究者は、学習とは、基本的には、認知の再構化であると考える。この2つの考え方のうち、後者の方は、より不透明な面もあるが、しかしそれは同時に、さまざまに解釈できるので、柔軟性に富んでいるといえる。本書においても、カウンセリングの基礎理論の中に、この両者を含めつつ考察をすすめてきた。認知の再構造化を、感覚運動的な末梢過程としてではなく、中枢過程としてとらえれば、それは、感覚的刺激作用の衝撃と活動の両方を包含するものとみることができよう。

学習に、感覚・衝撃的側面と、感覚・運動的側面の2面があることは、これまでにも取り上げられてきたことである。学業成績の向上、学習習慣の改善、行動の新しい様式などは、後者の側面に属するものである。感覚ないし知覚的衝撃を正確に指摘するのは困難であるが、しかし、潜在学習および感覚的事前条件づけに関する研究報告から、これらを推定することができる。また、新奇性に対する恐怖を含む熟知の学習の研究や、各種の内省報告からも推定できるであろう。

これらのことは、その後の学習成績にも反映するが、必ずしも反映しない側面を有している。この種の学習は、短期間の行動学習には適さないが、長期間の学習効果、例えば、好みの移り変わり、不整合からの退避、その後の条件づけの促進には適しているといえる。オペラント条件づけにおいては、反応は、強化によって実質的に新しい行動様式が生ずるところまで形成される。古典的条件づけにおいては、反応は、若干の変化はあるにしても、本質的には以前のままであるが、ただ全く新しい刺激に結びつく。

この節では、代理性学習を最大にするような学習者の特質は何かについて考察するつもりである。代理性学習映像を視聴する学習者と、学習映像の特徴を組み合わせると、一つの仮説が浮かび上がってくる。すなわち代理性学習映像から学習される内容の種類と量は、映像の中の社会的モデルと同一視する特質を選択することによって決められる、というものである。また、映像の中の人物の性別、社会的地位などに関して、自分と類似した人と同一視する傾向がある、というものである。学習量の測定は、映像の内容の記憶という概念にもとづいて行われる。このような状況におかれると、自分と同一視した人物の行動や会話に関する内容が、最もよく記憶される傾向

がある。

　このほかにも、社会的モデルの性別、社会的地位に関して、代理的学習が行われ、やはり自分と類似したモデルに大きく影響を受ける傾向がある。また、例えば、敵意の代理的表現も、クライエントによっては重要な働きをする。敵意の代理的表現は、敵意の弛緩という意味では、直接的な敵意の表現と等価である。攻撃されている他者が、相手を攻撃するのを観察するという状況においては、敵意の測定値は依存変数としてとらえられる。言葉で直接に攻撃された場合、攻撃しかえすことも、他人がそれに反応しかえすのを見ることも許されない状況におかれると、別の手段によってでも敵意を表現しようとする傾向があらわれる。敵意を示した相手に攻撃するのを見た場合は、相手にさほど敵意を示さない。

　ここで、別の自己尊重の面が問題になってくる。多くの場合、自己尊重の低いレベルの学習者の方が、代理性学習において、より多くの学習成果をおさめる傾向がある。したがって、代理性学習の手続きをすすめる場合の学習者の特性として、このことは重要なものの一つといえる。また、学習者の依存性も、代理性学習の一つの変数と考えられる。極めて依存的な人は、社会的モデルが強化されるのを見て、自分もそれに対する模倣学習をする傾向がある。例えば、映像の中のモデルと、生育環境や態度などの点で似ていると信じこまされると、それに対応した依存的行動が多くなる。

　対応依存的な行動を強化される社会的モデルを観察した場合、新しい場面では、それと反対の行動をとることが多くなる。情緒的喚起もまた、代理性学習の一つの変数と考えられる。情緒的喚起のレベルが、極端に強かったり弱かったりする場合よりも、適度のレベルの方が、対応依存行動は、より多く出現する。

代理性学習量は、次の場合に多くなることが考えられる。(1) 社会的モデルの模倣を目的として強化されることが、より頻繁に、より強く、より一貫して行われる場合。(2) 以前に模倣することを強化された反応と、社会的モデルの反応とが、非常に類似している場合、(3) ごく最近、社会的モデルの行動を観察した場合、(4) 模倣したことに賞を与えられる社会的モデルの数が多い場合、などである。

(5) 臨床への適用
　我々は、新しい刺激作用を受けると、何らかの定位反応をする。例えば、選択的注意、驚き、嫌悪行動などである。定位反応は、特定の刺激が反復して呈示された時は減弱する。これは、一つの初歩的な学習過程、すなわち、定位反射の消去ないし慣れである。それは、任意の感覚の特定の刺激に対して特異的に起こる傾向がある。慣れは短期的プロセスであり、結局は、反応性は自発的に回復する。しかし、慣れが起きたばかりの頃は、刺激作用に対する慣れの般化、すなわち、実際に経験した刺激以外の刺激に対する反応性の減弱が起こりがちである。人間の新奇性に対する反応の低さは、新奇なものへの関心の欠如と平行するものではない。容易なことでは驚かないような凝固反応も少ないような場合もある。
　これまでに、社会的学習の習得に関するさまざまな例をとり上げてきた。そして、代理性学習の変数を、カウンセリングに適用する目的でとり上げてきた。カウンセリングと代理性学習の問題は、極めて現実的な関連をもつものと考えられる。社会的学習の習得においては、模倣学習が広くゆきわたっているにも拘らず、あらゆる種類の行動障害に悩む人々の治療に、それが十分適用されていないの

が現状である。次に、カウンセリングにおけるクライエントとカウンセラーの道徳的価値の問題を、取り上げることにしよう。

クライエントがカウンセラーの価値判断をしないように配慮をしても、治療効果が上がりつつあるクライエントは、カウンセラーのさまざまな特性に対する評価を上げていくことが多い。ところが、これとは反対に、治療の改善がさほど見られないクライエントは、カウンセラーに対して、性別、攻撃性、権威主義などの点で彼を低く評価していることが多い。しかも、このようなクライエントに限って、治療終結の最後に至るまで、自分のカウンセラーを好きになれないでいる場合が多いのである。これらの事を、モデリング学習あるいは、模倣学習の面から考えてみよう。

Walters ら (1973) は、これに関連した報告を行っている。彼が対象としたのは、統合失調症の患者で、極めて非言語的であった。彼らに対して、まず、風景、動物などの刺激物を描写した映像を視聴させた。彼らは、絵の映像に対する自分の反応について、討論するように、という教示を受けた。第1群の患者たちは、2種類のスライドのシリーズの間で、話好きなモデルに会わされた。それから、一方のスライドに対する反応を討議した。第2群では、2つのシリーズの間で音楽を聞いただけであった、話し好きなモデルに会わされた第1群の患者は、第2群よりも、その後の討議期間に、有意に多い言語反応を示した。さらに、直接にモデルに会わせるという手段は、直接的強化と同時に、患者の言語量を多くするのに効果を上げることができた。

Chittenden (1962) は、代理性学習による社会的モデリング技法を、心理療法の場面に適用している。彼女が対象としたのは、極めて攻撃的な子ども達で、彼らを、訓練条件と統制条件とに分けた。訓練

条件の子ども達は、遊戯が行われる人形劇を見せられた。そこでは、就学前の子どもの役をする人形が、欲求不満の多い環境の中で、攻撃的かつ協同的な行為をするものであった。そこに登場してくる場面は、子ども達の日常生活に非常に近いものであった。人形による遊戯を見たあと、子ども達は、遊戯場面について討議をした。その討議の中では、人形による社会的モデルの反応が適切なものだったかどうかについて決定を下すように言われた。子ども達は、2つの人形間に生じた対人的葛藤の問題を、自分の立場に当てはめて考えるように、と言われた。訓練群と統制群を比較してみると、攻撃的反応は、最初の試行から最後の試行に進むにつれて、有意に減少した。さらに、集団間の差は、訓練セッション前、訓練直後、訓練後1ヶ月の3時点での、子どもの学校内での行動に現れていた。

　この研究の注目すべき点は、はじめの強い攻撃反応と矛盾するような共同行動を促進することによって、推理と結びついた観察的弁別学習が行われ、その結果、攻撃反応を抑制できたことである。ここでの推理は、反社会的行動とは逆の社会的事態に期待する、という方法で行われている。したがって、ここでは社会的モデルの反応結果を学習者が観察するという点において、すばらしい代理性学習が行われたといえよう。彼女の研究では、遊戯中に患者は実際の事例を観察している。この中で、学習モデルにさらにさまざまな役割をとらせれば、治療の可能性は一段と大きくなるものと思われる。

　録音テープを用いて対人的連想過程を導入するという代理性学習の一例をあげよう。ここでは、カウンセリングの治療セッションはテープに録音され、各回の後に、カウンセラーとクライエントがこれを聞くというものである。クライエントは、カウンセラーとは別の部屋に、観察者に案内されて入る。観察者の仕事は、録音テープ

の再生をクライエントが聞いている間、彼の感情表現を記録し、彼の話す内容を解釈し、彼の身体の動かし方に至るまで細かく観察し、記録をとる仕事をする。カウンセラー、クライエント、観察者は、テープの録音をとめて話し合いたい時はいつでも、それができる状態にある。3者のうちの誰か1人が、テープを止めると、自動的に他の2人のテープも止まるようにしてある。したがって、3人の人たちは、相互作用をする時はいつでも、同じ面接テープを同時に検討することができる。

　この手続が、代理性学習場面で真価を発揮する点は、途中で修正をほどこすことができることである。例えば、カウンセリングの開始を待っているクライエントに、別のクライエントを社会的モデルとして与えたり、クライエントがすでにカウンセリングに入っている時は、彼自身が社会的モデルになって、別のクライエントの援助をしたりする。そこで行われる技術的修正は、原型と考えられる面接部分を選択して、テープを編集するという方法である。この方法では、カウンセラーは代理性学習映像の視聴に参加する必要はなく、また、観察者も同席しなくてよい。観察者の役割は、カウンセラーがクライエントを強化するときの行動や、モデリングの価値のある行動に対するクライエントの注意の払い方などを記録することである。

　すでに治療を受けているクライエントにとって、この概念修正をすることは、クライエントが自分自身のモデルになるという点で有益になる。前章で、過補償の問題をとり上げた際、クライエントが自分の受けたものを公正と考えるか、あるいは不公正と考えるかは、それまでに彼が、どれ位補償の体験をしてきたかによる、と述べた。クライエントにとって、自分自身のモデルが役に立つのは、役割演

技と、それ以後、および催眠と催眠後の系列の中においてであることも述べた。自己強化の生起と共に、代理性学習の可能性を示唆するものである。

　代理性学習の中で、録音テープを使用する方法は、これまでに示した例からも有効なものといえよう。治療開始前に、代理性学習が行われた例をもう1つあげよう。対象者は、精神病院で集団心理療法に参加している患者たちである。そこで、実験群の患者は、患者の良い治療行動のみを録音したテープを聞く。テープには、患者が自分自身の感情を探るための具体的な方法が示されている。また、どのようにしたらよい患者になれるか、に関する認知的な場面構成が行われている。統制群は、このテープを全く聞かされない。このような2つの条件を設定すると、テープを聞かされた場合の方が、個人間の探索行動で、より深いレベルの治療過程行動が示された。

　これに類似した手続としては。クライエントが、自分のカウンセリング・セッションの記録を長時間聞いたり、自分のビデオ・テープを見たりする観察学習の方法がある。また、他者と組み合わせられた人間同士が、ストレス条件下で自己直面の状態におかれ、他者との相互作用を、代理性学習映像によって観察し、それに反応するという手続を行うこともできる。また、集団心理学の理論を、代理性学習方法の中に応用する方法もある。

　例えば、代理性モデルが現れるにつれて、新しいクライエントが加わっていくという方式の開放集団である。このような開放集団を、治療的側面から見た場合、いくつかの特性があげられる。まず、開放集団への新来者は、集団の中で優勢なレベルを保っている意見と自分の意見とを同一視することを学習する。そして、治療集団の側面には、そこで行われるはずの改善を抑制したり、妨害したりする

ものも、まれにはあるということである。例えば、ここで典型的な集団治療場面を想定してみよう。まず、この典型的な開放的治療集団で成員が自由に話をすることができるまでに、8ヶ月を要すると仮定しよう。さらに、すべての集団成員が、8ヶ月以上参加する開放治療集団を想定してみよう。代理的学習が示唆していることは、この集団に新しく参加してくるクライエントは、8ヶ月以内に、集団の中で優勢なレベルを保っている意見をもつに至るということがいえる。言いかえれば、新来者のクライエントは、賞の分与者である治療者や、その他のクライエント達と、共に代理性学習をしていくのである。したがって、クライエントのカウンセリングに要する全時間は、結果的にみて短縮されることになる。この開放的代理学習集団では、同一視の現象が、集団形成過程の中で発生してくるといえる。

　代理性学習が、集団心理療法の中で行われる場面を、このほかにも想定してみよう。それは、集団内で観察学習が行われる場合である。ここでは、クライエントは、自分の問題と類似した症候で悩んでいる別のクライエントのモデリングを見たり聞いたりする機会が与えられると想定しよう。ここでは、主として、2人集団の中のサブ・グループに変化が生じ、急テンポの回復が見られることがある。この代理性学習集団では、その集団における模範者との間に同一視の傾向が生じてくる。

　刺激を弱い神経症的反応に対応させる脱感作とは異なり、極めて強い反応に対応させる治療法がある。いわゆる除反応である。ここでは、自分にとって苦痛な出来ごとの記憶が強い反応への刺激となる。ごく最近の治療は、現実の妨害場面に身をさらすか、作られたイメージ場面かのどちらかによって喚起された強い反応を用いている。この方法は随意に始めることができ、かつ、この構成要素は量

的に変えることができる。それゆえ、カウンセラーは、刺激入力を統制することによって、治療結果を統制することができる。これに比べると、除反応は厳密には行動療法とはいえない。なぜならば、カウンセラーのなし得るすべては、除反応を起こさせる諸条件をつくることに努めることだからである。除反応が現れる時、その内容もその結果も、どちらも予測できない。そこでは、カウンセラーが、刺激入力に影響を与えることができる時ですら、彼は暗闇に向かって矢を射ているようなものである。彼は、そのプロセスに効果的に影響を与えることができないからである。

　強い不安の喚起は、精神医学の治療においてもしばしば用いられている。もちろん、この適用に際しては、実験的消去の概念ないしは、他の学習メカニズムから引き出されるのではなくて、クライエントが意図的にこのような症状をつくり出そうとしないならば、彼はこの症状が起こる際の困難に気がつかないばかりか、自分の神経症状に対する態度を変えないものである、という期待から導びかれている。たとえどんな理論づけであれ、実際の手続とこの方法との間には、何ら本質的な差はない。多くの場合、治療は数ケ月に及び、反復して実施されるのである。高所恐怖、孤独恐怖、嘔吐恐怖などの症状は、すべてこれに当てはまるといえる。

　もしも、不安患者が、条件づけられた不安生起の刺激場面に徹底的に身を置くならば、また、おそらく無条件刺激によって不安が強化されないならば、不安反応は徐々に消失するであろう。ここでは、患者は逃れることのできない状況の中で、不安刺激場面に置かれる。この刺激に継続的に身をさらすことによって、不安を喚起するすべての勢力を失わせることが期待される。カウンセラーが詳述した諸場面を、患者が現実的に想像するように説得されて、できるだけ生

き生きとした不安を描くという一般的手段によって、できるだけ長く、彼に不安や恐怖と対面する方策を用いるものである。

　不安弛緩と再保証は、普遍化と呼ばれる現象を通して生起する。言いかえれば、クライエントは、別のクライエントの治療を観察することによって、自分のカウンセリングが特別のものではないことを認識する。この過程は、鏡映反射と呼ばれるものである。集団治療の中でモデリング技術を用いた例をみてみよう。例えば、活動集団治療の終了後、クライエントに掃除をしようとは言わずに、治療者自らが掃除にとりかかる。クライエントは最初それを見ていて、次に、治療者に従い、自分を見習おうとする別のクライエントに、自ら社会的モデルとなって示そうとする。

　クライエントが、これらのさまざまな種類の社会的モデルと自分とを同一視することによって、不安や防衛を認知しはじめると、自分自身の抵抗を処理することができるようになり、カウンセリングへの動機づけが強められる。これらのことから、代理性学習の原理は、現代のカウンセリングのさまざまな技法と共に、有効に生かされることが望まれる。

第12章
生徒指導と学生相談の今後の課題

　生徒指導や学生相談の臨床場面において、ある刺激事態で、ある反応が起こり、それが強化されると、その刺激と反応との結合関係が強められる。目標に向かう行動は、通常はこれほど単純なものではなく、多数の反応の連続したものである。このような行動連鎖の末に、目標に達し、強化が行われると、連鎖を構成するすべての反応と、それぞれの直前の刺激事態との間の結合関係が強められる。この場合に、これら多数の刺激と反応の結合は、すべて同じ程度に強化されるのではなく、目標達成の直前のものがもっとも強く強化され、それより離れたものほど少なく強化されると考えられる。この章では、カウンセリングにおける、このような時間的な側面について考察してみよう。

1　行動学習における目標勾配現象

　物理的な時間の流れからすれば、現在とは、ただ一点によって表

現されるが、通常我々は、現在をそのようなものとしては体験していない。物理的に継起的な事象が、心理的には同時に起こっているように感じられるのは、それらが同じ現在に属するものとして体験されるからである。心理学的現在の範囲は、その時の条件によって変わってくるが、通常それは、数秒以内に限られている。この範囲を越える時間は、直接知覚することが困難になって、評価するとか、見積もるとかして、はじめてその経過の長さが把握される。

　時間の評価は、素朴な、直接的な印象によって行われることも、また、経験され、知覚された出来事の多少に基づいて行われることもある。

　治療時間の評価は、さまざまな要因や、身体的・生理的条件によって左右される。例えば、クライエントに各種の治療的課題を与えて、それに従事していた時間を評価させると、積極的にその課題に取り組む時には、時間は実際より短く、逆に受動的に従っていた時は長くなる。こうした治療的課題状況のもとでは、課題の性質や困難度、あるいは課題の統一性なども、治療時間の評価に関係してくる。これらは、いずれも知覚された変化の多少に基づくものである。

　特殊な身体的・生理的条件におかれた時に、主観的な時間が正常時とは異なった現れ方をすることは、よく知られている。ある種の精神疾患に伴う特異な時間の体験や、催眠状態における主観的な変化などは、その一例である。困難度の効果についていえば、困難な治療的課題は動機づけを高め、その結果、学習作業の組織化が行われて、知覚される変化を減少させ、評価される治療時間は、実際には短くなる。

　カウンセリングの治療時間の側面について、これまでにも数多くの研究が行われてきた。例えば、治療の期間、回数、1セッションの

長さ、時間などが、正確に数量化できる変数として取り上げられ、心理療法研究における数量化の困難な他の変数と対照的に研究されてきた。中でも、治療期間とクライエントの改善度に関する研究、クライエントの改善度とカウンセラーによる予測、クライエントがカウンセラーに対して抱く魅力、クライエントの社会経済的地位、自己不満、教育水準、知能水準、治療に対して抱く不安、言語量、依存性、治療に対する動機づけ、性格的固さと衝動性などの諸要因と、治療の長さの予測に関する研究が行われてきた。

　治療回数に関しては、治療期間という変数が重要性をもってくる。クライエントを変化させるのは、クライエントが治療を受けている期間の長さであって、クライエントがこの期間に参加する治療時間の絶対数ではない。したがって、週に2回カウンセリングを受けるクライエントと、週1回、隔週に受ける場合とでは、治療に要した月数が同じであれば、基準の上では大差ないことになる。クライエントの主観的な不快感の弛緩の量が関係してくる限りは、治療の時間的長さの条件間には差が現れてこない。治療結果に最も大きな役割を果たすのは、したがって、時間的側面ではなく、期間の問題であるといえる。

　伝統的な非指示的カウンセリングなど、自然を重視するアプローチでは、変数が操作されないので、治療期間が長くなればなるほど、改善の量も必然的に多くなるという面が見られる。しかし、もっと新しいアプローチに目を向けて、治療期間そのものが操作されることも必要であろう。この方式の治療は、決められたセッションの回数以内でカウンセリングが行われ、その回数が終了すれば、治療は、事実上、終結することになる。しかし、精神分析的な治療法の場合は、終結の時期を決めることにより、その完全な形を維持できなく

なる場合もある。しかし、その上でなお、終結の時期をクライエントに告げることにより、治療的努力を負う覚悟をさせる面では、大いに意味のあることである。

治療終結を指定する方法は、特にクライエントの分離不安と共に考えられてきた。終結指定が適切に行われた場合には、治療を終結しようとするカウンセラーへの反応は、時として自己信頼への願望となり、時として、治療者に依存して、人生の幸福への責任を第三者にとらせたいという願望になる。この2つの願望の間に生ずる葛藤は、終結指定によって、最終的な解決策となるものである．

Shlein（1967）は、カウンセリングの中で時間制限する方法を報告している。彼は、数多くのクライエントの改善基準を、次の2つの治療群に行って測定した。まず、時間制限治療群では、クライエントは、治療開始時に、治療回数は20回に制限されている旨、告げられた。他方、時間無制限治療群では、クライエントは、望むかぎりの治療を終結期限なしに続けてよいと告げられた。両群のクライエントは、治療の結果、次のような差を示した。すなわち、時間無制限群は、改善を示すまでに、平均55回のセッションを要したのに対して、時間制限群は20セッションで、より多くの改善を示したのである。しかも、治療終了後、時間制限群は、数ケ月間経った時点でも、彼らの改善のレベルは維持されていたのである。

時間制限法は、気紛れに与えられてよいことはなく、カウンセラーと同様、クライエントの欲求や立場を十分に考慮して、それに適した方法がとられる必要がある。また、クライエントが、将来の治療の決定に参加できる体制をとるのもよい。

さらに形を変えて、カウンセラーがクライエントに、あらかじめ改善の早さについての期待を告げる場合は、クライエントの反応は

どうなるだろうか。この場合もやはり、時間制限治療の方が、クライエントの成長を早めるばかりではなく、改善のスピードも上がることが多い。ここで、時間制限の個別化の問題につき当たる。すなわち、どんな種類のクライエントにも、時間制限法を適用してもよいかという点である。これらは、いわゆる時間知覚、時間的見通し、時間の長さの判断などの変数とかかわってくる分野である。

　時間制限のカウンセリングを正当化するような非臨床的研究は、目標勾配現象であろう。この現象は、目標から異なった距離における反応の強さに関するものである。移動勾配の速度は、二次的強化の概念と結びついて、最終的には、目標勾配の概念に帰着した。ここでの臨床的分野における応用という意味からすると、目標勾配の概念は、そこでの被験者が空間的に時間的に目標に近づけば近づくほど、その速度が増す、という点に重要性がある。目標勾配現象は、主として空間的勾配に焦点を当てたものであるが、そこでは、時間的勾配が無視されていたわけでは決してない。

　空間的勾配は、時間的勾配よりも、実験的には研究が容易である。このことは、人間には、一般的に時間的特質が非常に重要なものであるにも拘らず、人間の被験者を対象にした時間的勾配研究がほとんど行われていないのを見ても理解できる。勾配に対応する知覚的行動は、例えば、試験結果の発表を待っている大学生、歯を抜かれるのを待っている患者、結婚式を待っている花嫁、出産を待っている妊婦などに共通する行動である。我々は時間的目標から退却することはできないので、退避の可能性のある空間的勾配に対応した行動をとらないかぎり、それへの行動は、容赦のない冷酷なものとなる。

　時間制限治療を受けようとして待機しているクライエントは、ま

さに時間的勾配の中にあるといえる。そして、このクライエントが時間的勾配の中にいるとすれば、クライエントに治療の時間制限のことを知らせることによって、治療目標、すなわち、彼の変化に対する自分自身の努力が一段と払われることになろう。時間的目標勾配に直面した場合のクライエントの出力に関しては、次のような例を考えることができる。

ある仕事を中断した場合、中断された作業を再開しようとする頻度は、中断された時間がその作業の完成点に近づけば近づくほど増大する。これに関連して、時間的目標期待の効果がかかわってくる。また、情動状態や感情に及ぼす目標期待については、次の場面を想定してみよう。自分が一週間の各曜日をどのように感じているか評定してみる。ある人の好みの順番は、土曜、金曜、日曜、木曜、水曜、火曜であった。もしこの人が曜日の好ましさをレジャーに関して決めていたとすると、労働の曜日は最も好ましくないので、このような順番になることは容易に理解できるのである。この人にとって、土曜日は一週間のうちで最も好ましい日である。なぜなら、土曜日が最も自由な日だからである。したがって、この人にとって曜日の好みの順序は、自由な曜日の順番を表していることになる。土曜日についての見通しは、非常に明るく、好ましい。月曜日は、最も好ましくない曜日である。しかし、月曜日になすべき仕事は、他の曜日になすべき仕事と何ら異なっているわけではないから、月曜日の嫌悪が、月曜日に特有の仕事によるものとは考えられない。これを察するに、月曜日には、一週間分の全部の仕事が目前に広がっているためである。月曜日から金曜日までは、時間的目標勾配は、安定して上昇する。週末が近づくにつれて、感情の調子が高まり、勾配が一気に上昇する．

これらのことを考える時、将来の時間的見通しは、情動状態と一致し、また、動機づけとも一致している。したがって、臨床面に対応させてみる時、カウンセリングの曜日の決定も、本来は十分に意義のあることがらである。そして、治療面接計画全体が、本来は、目標勾配効果の側面から考慮されることが望ましいといえる。この治療面接計画の中で、クライエントの意識性が生かされる時こそ、治療の効果も最大にあがると予測されるからである。

2　時間体験と動機づけ

　人間の生理学的機能は、動的に平衡であり、たえず活動しながら安定をはかっている。つまり、生体はたえず新陳代謝を繰り返しながら、生命を維持している。ところが、この生命力のもつ動きは、心身の健康と重要な関係をもっている。つまり、心身とも健康であればあるほど、生体には早いテンポでその機能が働き、内外状況の変化に対する高度の適応性と安定性を保つことができるのである。この生体の生理学的リズムにみられる生命活動の流れが、人間存在における動き、あるいは時間体験の存在論的基礎を形づくっている。言いかえれば、人間における生理学的機能のもつ時間体験が契機となって、時間的継起などの心像的体験に反映されるのである。したがって、逆に、外界認識によってとらえられる心理学的時間の体験は、生理学的機能の促進に作用すると共に、さらに深層の実存における生命活動を増幅させる。そして、時間に対する欲求、変化と新奇さ、などに関連した、さまざまな時間体験が得られることになる。そして、このような精神物理学的、および社会心理学的要因により、

我々の深層には、さまざまな動機づけによる強い願望の存在を否定することができない。時々刻々の時間体験こそ、我々にとって永遠に繰り返すことのない、したがってまた、とり返すことのできない最高の価値ある存在ということができる。

　時間制限によるカウンセリングを、特定のクライエントに行う場合に考えられる重要な変数のひとつに、動機づけがある。非臨床的研究との関連でみれば、時間評価、目標達成、達成動機などがあげられよう。例えば、ある仕事を完成することに動機づけられている人は、動機づけられていない人よりも、同量の作業終了後、より短い時間内に作業をしていたと知覚する傾向がある。これは、先に述べた目標勾配現象とも対応するものである。

　心理的距離が、目標の魅力に影響を及ぼす事実を取り上げてみよう。目標のもつ魅力は、人がその目標に到達できると考える心理的距離と関係がある。我々は、仕事を早く終えたいという気持によって動機づけられ、仕事に打ち込む。したがって、この場合の達成動機が高い人は、低い人よりも、自分が仕事に打ち込んでいた時間の長さを、より短く推定する傾向がある。時間推定の仕方が、はるかに短くなるのである。仕事中に知覚される時間の長さと、仕事の完成度は、極めて深いつながりをもっている。言いかえれば、目標に早く近づきたいと願って、動機づけが高まっている場合は、自分の仕事の進み具合と比較すると、時間推定が短くなるといえる。このことをカウンセリングの側からみると、クライエントの治療への動機づけのレベルが、時間制限法の適・不適を決定する際の変数であることが示唆されよう。

　他方、不安傾向の強いクライエントは、治療時間の長さを過大視する傾向がある。TATを知能測定の手段として用い、知的水準と時

間推定、見通しの正確さの関係をみると、明らかにこれらの間に強い関連が見られる。また、男子と女子に、時間推定作業をさせると、女子の方が時間推定を過大評価する傾向がある。また、時間の未来を見通す方法には、文化間で根本的相違があるようである。さらに、時間の見通しについては、午前中よりも午後の方が、推定時間が長くなる傾向がある。このことも、治療計画を長期的に立てる場合に考慮すべき要件である。

　これまでにあげた数多くの例から、時間制限法に影響する要因として、クライエントの診断治療への動機づけ、不安レベル、知能、性別、文化的背景、治療時間帯などが示唆された。これらのうちから可能な限り多くの要因が、治療実施の上で考慮されることが望まれる。

3　行動学習と精神病理

　獲得された行動様式と特性のいくつかは、正常の範囲内に存在している。異常行動に対立するものとしての正常行動が何かについては、議論が分かれるところである。異常行動の病因を、主として学習の見地からとらえるとしても、精神病的異常は基本的には素質であるとみなされている。妄想などのような若干の精神病的特徴は、ある意味では学習されたものであるが、疾患それ自体は、学習されたものではないと考えられている。極端な環境論的アプローチは、多くの精神病さえも、何らかの意味で心理学的に獲得されたものとみなされている。それはともあれ、神経症的異常が、学習によって獲得されるという主張に対しては、比較的異論はない。しかし、い

かなる意味の学習によるのかについては、かなりの論争がある。さらに、犯罪行為も、大部分は学習されたものだといわれている。長期間にわたる学習が、神経症的学習や逸脱した行動様式に重大な役割を果たすであろうという点に関しては、ほとんど異論はない。議論の余地があるのは、そこで考えられている行動学習の具体的な性質である。

神経症的行動の起源は、個人の適応的反応の習得の失敗および、不適応反応の習得の両方か、またはそのいずれかによる。後者の例として恐怖症があげられるが、これは、偶然的な古典的条件づけによって生ずるといわれる。すなわち、有害刺激が何らかの他の刺激の直後に経験されると、後者の刺激はそれによって条件づけられ、その後は非合理的な恐怖を喚起するようになる。それは、さまざまな無条件刺激と条件刺激の連合の生起、および、報酬と罰が毎日の行動に対してどのように配分されるかによって影響を受ける。

精神病質者は、その素質のゆえに条件づけが困難であり、反社会的行為を避けることを容易には学習できないという徴候がある。犯罪行動は、学習に対するこのような抵抗に由来するとも考えられる。しかし、このほかの人々の場合には、犯罪行為は、道徳性の初期学習の機会がなかったことから生ずるといわれている。

後者に属する人は、犯罪行為は、やりがいのあることと思っており、最初の犯罪行動が罰せられなかったか、あるいは罰を受けるのが著しく延期されたかである。犯罪行為に関するこの種の説明が、どの程度正当であるかを究極的に示すためには、今後、さらに広範な経験的研究が必要になろう。

これまでに数多く行われた経験的研究によれば、統合失調症の患者の治療経過の特徴として、時間の歪みの問題が指摘されている。

統合失調症の患者が、時間の長さを推定する場合、正常者よりも、もっと多くの変化を示す。統合失調症の時間感覚の喪失、時間的混乱と歪み、葛藤的刺激と時間推定の問題は、これまでに数多くの研究が報告されている．

　Worchel（1976）は、統合失調症の患者と正常者をそれぞれ組合わせて集団をつくり、そこでの時間的オリエンテーションを比較した。時間的オリエンテーションに関する2種類のテストによれば、統合失調症の患者は、項目分析のすべてに関して劣っていたわけではなかった。例えば、彼らのほとんどの者が正解できた質問項目は、「1時間は何分か」、「木曜日の次の日は何曜日か」、「今は午前か、午後か」、「5月、3月、4月を正しい順序に並べよ」という質問だった。これらの質問は、これまでに過学習された事象であり、また、具体的な事象（今は午前か、午後か）、あるいは、継続的な事象（5月、3月、4月の順序）であるという意味では、容易な質問である。彼らが、特有な誤りをした質問項目は、「火曜日、土曜日、金曜日を正しい順序に並べよ」、「1951年9月24日、1950年7月17日、1952年11月15日を早い順に並べよ」というものであった。ここで最後にあげた質問には、同時に3つの要素（年、月、日）が含まれるので、一層難しいものとなる。また、火曜日、土曜日、金曜日の順序を問う問題は、その間の曜日が少し開いていることが、彼らにとって理解を困難にしたと思われる。また、残りの項目の中に、直接関連がないので、彼らは、火曜日の次に何曜日がくるかを決める手がかりがつかめなかったものと推定される。

　このように、関係づけの枠組が、知覚的場の中に直接おかれない場合、言いかえれば、ある項目をシリーズそのものの中に当てはめるように言われると、統合失調症の患者は、それに適切に順応す

ることが困難になると推測される。

　これと類似した研究は、Wallach（1976）によって行われている。彼は、統合失調症の患者と正常者に、将来の時間的見通しに関する3種類のテストを行って、比較検討した。3種類のテストとは、同じような将来の出来事からなる10項目を順序正しく並べるテスト、時間の長さを決めることを目的とした物語の構成テスト、一連の将来の出来事が起こった時の自分の年齢推定、から成っている。彼が、この研究で特に焦点をあてようとしたのは、将来の時間的見通しに関する次の2つの特性、すなわち、時間的見通しにおける拡大の仕方と首尾一貫性である。時間的見通しにおける拡大の仕方とは、その個人によって概念化される将来の時間的展望と定義される。時間的見通しにおける首尾一貫性とは、時間の中で起こる出来事の体系化に関するものである。この結果、統合失調症の患者の方が、将来の時間的見通しに関して、有意に短く推定し、かつ、その体系化の仕方は不十分であった。

　これらの2つの研究が示唆していることは、統合失調症の患者に時間制限法を用いることが一つの可能性を示しているということである。この可能性を実現するためには、彼らに時間制限された場面構成を、より適切に理解させることである。この問題は、統合失調症の患者の目標勾配における衝撃抑制反応を解明していく上で有意義なものである。また、Wallaceの見解は、時間制限法を、治療の初期だけではなく、終結期に至るまで行われるべきことを示唆している。ここで明白なことは、統合失調症の患者に時間制限法を用いて場面構成する時は、特に具体的に、詳細に、何度も繰り返して行われることが大事になる。

　過去から未来への時間的見通しの問題は、このほかの精神病理学

的な患者とも、特有の関連があるように思われる。Strauss（1974）によれば、精神病理学的患者は、もっと広い世界的時間と、自我の時間を持っている場合もあるということである。例えば、躁鬱病患者の時間知覚は歪められており、永久に過去と結びついている。躁状態にある患者は、時間的範囲の収縮がはね上がっている。過去の重さや未来の不確実さは、現在にのみ頼っている彼の気分には、何ら影響を及ぼさない。鬱病病患者は、過去に極めて良くない事があったために、未来への道が閉されていて、現在何をするかについての分別もなくなっている。躁鬱病の患者は、未来の時間の中で誤った見通しをしている。

　躁病の患者は、鬱病の患者と比べて、時間推定で過大推定をする傾向がある。これらのさまざまな見解は、時間制限法に有意義な可能性をもたらすと推定できる。もし、将来の時間的見通しが正確に得られるなら、時間制限された治療は、躁病、鬱病の患者に適用できるものである。精神病質的クライエントは、正常者と比べて、将来の時間的見通しの仕方が、より短い傾向を示す。器質的障害をもつクライエントの時間的歪みについては、未来における時間的見通しに重大な歪みが生ずることが多い。したがって、結論からいえば、精神病理学的な患者の疾病の種類によって、時間制限法への全体的反応がとらえられ、そこで最も適切な治療の長さが決められるとよい。

　神経症の病因に対する精神力学的方法も、学習理論の方法と同様に、極めて多くのパーソナリティ異常について長期にわたる学習的見地から説明されるものである。これらの見解は、精神病理に対する素質と学習の関係について、一つの方法を示唆するものである。しかし、どの場合にも、問題になることは、具体的に何が起こるの

かということである。さらに、精神病理を説明できるのは、いかなる種類の行動学習かということである。

これまでに、行動学習と精神病理の問題を考察してきた。だが、人間は本来、このような病的存在なのだろうか。否、断じてそうではない。精神病理的な問題を抱えこむ人は、ただ、自己実現を可能にするような、しかるべき機会が与えられてこなかっただけのことである。とすれば、人間をそのような物理学的、生物学的な袋小路に追いやっているような今日こそ、精神生活の無限の領域に、思い切った飛躍を試みることが必要なのではないだろうか。

4　生徒指導と学生相談のめざすもの

通常、世間では、健康で理想的な人間のことを、「適応した人間」とか、「人格適応」という用語で表すことが多い。だが、この適応が、単なる現在の社会に対するものであれば、問題であるといわなければならない。なぜなら、現在の社会は必ずしも完全なるものではなく、とくに、その人為的な構造には、差別、疎外、物質万能主義、不信、憎悪などといった病理的要素を多分に含んでいるからである。このような環境にすんなり適応できるということは、必ずしも健康を意味するものとはいえない。むしろ、社会的遊泳術には巧みであるが、一貫した信念も節操ももち合せていない他人志向型の病理的人間である場合もあろう。健康で自己実現をとげつつある人間は、どんな社会にも適応しうる能力を備えてはいるが、逆に、社会に適応している人間はすべて健康な人間であると断定することは、誤りをおかすことになる。

実際のところ、現代の社会においては、健康な人間ほど、主体性を確立しながら、つながりを維持するのに並外れた苦悩と格段の努力が求められるのである。そこで、カウンセリングの目的としている真の適応とは、このように現実の社会のもつ外的規範に対する適応を意味するものではなく、自己の内面にはたらく人間性の法則に適合しているかどうかによると解したいのである。つまり、自己の内面の声にいかに忠実であるか、いかに人間性の法則にあった生活を営んでいるかという基準である。この立場は、社会の規範を離れて、人間の原点にかえり、その充実をはかるという観点に立つものである。カウンセリングにおける適応の目的も、このような積極的な意味が加えられるべきであると考える。

　最後に、カウンセリングによる行動学習の中で目標としている人間像について述べたい。社会の中にさまざまな形で存在する病理性を不幸にして自己の内面にとり込んでしまったクライエントも、カウンセリングによる行動学習を通して、次のような目標に向かって、カウンセラーと共に主体的に、着実に一歩ずつ歩みを進めていくことが期待されるのである。

　カウンセリングのめざす人間像とは、まず第1に、ある事柄に完全に熱中し、全面的に没頭し、我を忘れて一つのことを生き生きと体験する人間像である。そこでは、あらゆる自己防衛や恥らいや気取りを捨てて、裸のままの自己になりきる。そこには義務感も、流行や慣習もない。あらゆる過去の事実から脱却して、いま、この世界に生き、新しい自分の歴史を創り出そうとしていくのである。

　第2に、自己のアイデンティティを保持し、真の自己となるような人間性である。換言すれば、義理、義務、恐れ、不安など対人意識や利害関係の意識を捨てて、自由に自己を表現することである。

カウンセリングによる自己実現を通して、これらの意識や防衛、統制、自己の衝動に対する抑圧、緊張、懐疑、批判、警戒心、などから離脱することである。そして、くつろぎと自由闊達さ、自信と自発性によって、自己を外へ表現していくことを意味する。未知なるもの、新奇なるもの、予期せざるものに対しても、積極的に魅力を感じ、これに向かっていく主体的意志をもつことである。この主体性、自己表現こそ、創造的自己を可能ならしめるものであろう。

　第3に、カウンセリングの中で自己表現の行動学習をすることによって、自己を正しく見つめ、自らの衝動の声に耳を傾けていくことである。自己を客観化し、自己に忠実になることによって、主体的判断が得られ、真に自己の認知や行動に責任感をもつことが可能となる。そして、このことが、自己実現への大事な一歩となるであろう。

　生徒指導や学生相談のカウンセリングの中で行動学習を習得すると、自己洞察によって生じた自己概念の意識が変化してくる。感情や態度や行動の変化によって、望ましい人間的成長や人間形成が可能となってくる。それは、人間の成長と変革とを信ずる態度であり、自己変革を信ずる態度であり、その考え方を実践する行動を引き起こすエネルギーの源となるものである。これらを通して、自己の価値観が確立され、具体的な目標の達成をめざして、他者との信頼感や親密度を高め、社会的連帯感を強めていくことが、さらに期待されるのである。

引用文献・参考文献

Bach, G.R. lntensive group psychotherapy. New York: Ronald Press, (1964).

Bordin, E.S. Ambiguity as a therapeutic variable. J.consult.Psychol., 19, 9-15.（1975）.

Chittenden, G.E. Mesuring and modifying assertive behavior in young children. Monogr. Soc. Res.Child Develpm.,（1962）, 7, No.31.

Davitz, J.R. The communication of emotional meaning. New York: Mcgraw-Hill,（1974）.

Festinger, L. A theory of cognitive dissonance. Stanford : Stanford univer. Press,（1957）.

独立行政法人日本学生支援機構（2011）「大学、短期大学、高等専門学校における学生支援の取組状況に関する調査（平成22年度）集計報告（単純集計）独立行政法人日本学生支援機構2011年6月23日〈http:www.jasso.go.jp/gakusei-plan/documents/torikumi-chousa.pdf〉（2011年12月22日）.

Fiedler, E.E. The concept of an ideal therapeutic relationship. J. consult. Psychol., 14, 39-45.（1975）.

Ford, D.H. Systems of psychotherapy. New York: Wiley,（1977）.

Fromm-Reichmann, F. Principles of intensive psychotherapy, Chicago, Univer of Chicago Press,（1950）.

Freud, S. A general introduction to psychoanalysis. New York : Doubleday,（1953）.

福岡欣治「大学生における家族および友人の知覚されたソーシャル・サポートと無気力傾向—達成動機を媒介要因とした検討—」『静岡県立大学短期大学部研究紀要』14（3）1-10（2000）.

Heine, R.W. lnitial expectations of the therapist-patient interaction. Psychiatry,（1970）.

Heller, K. A broader perspective for interview therapy. Midwestern Psychol.Assoc.Chicago,（1975）.

Hunt, J. Assessing the result of social casework, New York : Family Work Association,（1979）.

木村直人・水野治久「大学生の被援助志向性と心理的変数との関連について—学生相談・友達・家族に焦点をあてて—」『カウンセリング研究』37 260-269（2004）.
清野美佐緒・他（1975）『行動カウンセリング入門』川島書店.
Krumbortz, J.D. Behavioral Counseling. Holt Rinehart and Winston, lnc. （1965）.
Jackson, C.W. lnfluence of suggestion and subjects' prior knowledge in research on sensory deprivation. Science, 132, 211-212,（1971）.
Libo, L. The projective expression of patience-therapist attraction. J.clin. Psychol, 13, 33-36,（1959）.
Loevinger, J. Connict of commitment in clinical research. Amer. Psychologist, 18, 241-251,（1968）.
森田正馬;神経質及び神経哀弱の療法, 慶応通信,（1936）.
Osgood, C.E. The similarity paradox in human learning. Psychol. Rev. 56, 132-143（1955）.
Rogers, C.R.On becoming a person. Boston : Houghton Miffin,（1961）.
佐藤純「大学生の援助資源の利用について—学生相談におけるセルフヘルスブック利用という視点から—」『筑波大学発達臨床心理学研究』19、35-43（2008））.
Snyder, R., An experimental study of direCtive group therapy. Aemr. J. ment. Def., 63, 117-123（1961）.
高野明・宇留田麗「援助要請行動から見たサービスとしての学生相談」『教育心理学研究』50、113-125（2002）.
内田千代子「大学における休・退学・留年学生に関する調査」第31報　平成22年度学生の心の悩みに関する教職員研修会・第32回全国大学メンタルヘルス研究会報告書　80-94（2011）.
Wallach, M.S. Psychotherapists' clinical judgments and attitude. J. consult. Psychol.,（1976）, 24, 316-323.
Walters, R.H. Anxiety, isolation, and susceptibility to social influence. J.

PerS., (1973), 29.518-529.

Wolberg, L.R. The technique of psychotherapy. New York : Grune & Stratton, (1974).

Wolpe, J. The Conditioning therapies, New York : Holt Rinehart & Winston, (1964).

Worchel,P. Time and space orientation. J.abnorm.soc.psychol., (1976), 52, 191-194.

論文の出典一覧

第Ⅰ部
 第1章 武蔵野音楽大学 研究紀要 第45号 2013年
 第2章 武蔵野音楽大学 研究紀要 第43号 2011年
 第3章 全日本音楽教育研究大会誌 2010年
 第4章 武蔵野音楽教育研究会誌 2009年

あとがき

　本書の第Ⅰ部は、著者が、『武蔵野音楽大学研究紀要』『全日本音楽教育研究大会　大学部会会誌』『武蔵野音楽教育研究会誌』に発表した論文をまとめたものである。また、第Ⅱ部は、筆者が、武蔵野音楽大学の『教員免許更新講習』「生徒指導論：子どもの変化についての理解」の講座で用いた資料に、加筆してまとめたものである。
　本書が、今後の教育実践や研究の糸口になれば、幸いである。
　2015年　師走

清野　美佐緒

著者紹介
清野　美佐緒（きよの　みさお）
　アイオワ州立大学大学院心理学部修士課程修了
　厚生省　児童家庭局　企画課翻訳員
　東京都立教育研究所　研究主事
　武蔵野音楽大学　教授　を経て
　現在　武蔵野音楽大学　名誉教授
著書
　『音楽による発達診断と指導』音楽之友社　1985 年
　『音楽教育の基礎と実践』開成出版　2009 年
　『音楽教育事例研究―動機づけ理論による考察』開成出版
　　2010 年
訳書
　D.E. Michel 著『障害児教育のための音楽療法入門』音楽之友社
　　1982 年
　D.E. Michel 著『音楽療法の原理と実践』（清野美佐緒・瀬尾史穂
　　共訳）音楽之友社　2007 年

音楽教育と人間形成の研究

2015 年 12 月 7 日　第 1 刷発行 ©

　　　　　　　　　　　　　著　者　　清　野　美佐緒

　　　　　　　　　　　　　発行者　　早　川　偉　久
　　　　　　　　　　　　　発行所　　開　成　出　版
　〒 101-0052　東京都千代田区神田小川町 3 丁目 26 番 14 号
　　　　　　　Tel. 03-5217-0155　Fax. 03-5217-0156

ISBN978-4-87603-499-4　C3073

リトミック教育研究
―理論と実践の調和を目指して―
日本ダルクローズ音楽教育学会編

B5判・176頁　　定価（本体3,000円＋税）

ISBN4-87603-497-0 C3073 ¥3000E

刊行にあたって	福嶋　省吾
小学校の「リズムダンス」の授業にプラスティーク・アニメを活かす	浅倉　恵子
ジャック＝ダルクローズによるリトミックの応用とその広がりに関する研究 ―「リトミックと盲人教育」、『身体運動の協調と非協調』に着目して―	板野　和彦
天野蝶による子どもの歌と動きについての一考察	板野　晴子
音の活動において「見る」「聴く」「触れる」「動く」ことの意味 ―箏の弦を用いた幼児の活動の分析を通して―	今川　恭子
小林宗作による＜Ｊ＝ダルクローズ教育思想の捉え方＞に関する一考察 ―その身体運動に対する考え方も絡めて―	江間　孝子
保育学生の「リズム理解力」と「リズム身体表現力」を高めるリトミック教育の効果	大谷　純一
小学校音楽科におけるリトミック指導の可能性 ―「体を動かす活動」による〔共通事項〕の知覚・感受の場面の分析を通して―	金田　美奈子
リトミックにおけるプラスティック・アニメに関する研究 ―音楽と身体の動きの関係に見る古典バレエとの比較を中心に―	佐々木　由喜子
リトミック教育に関する理論的考察 ―音楽的感情と隠喩のプロセスに注目して―	塩原　麻里
リトミックによるフレーズ指導に関する一考察	清水　あずみ
リトミックの理念―リズムの根本思想―	関口　博子
日本の小学校教育におけるジャック＝ダルクローズの教育の活用に関する一考察	髙倉　弘光
日本人とリトミック教育―和太鼓の学習が示唆するもの・長尾満里さんの仕事から―	中山　裕一郎
リトミックにおける意識と無意識についての一考察 ―リトミックの意識覚醒の検証データをもととして―	北條　郁美
音楽授業における対象理解とリトミック導入の意義 ―発達障害児の能力の個人内差と音楽学習の関係―	三宅　浩子
記念誌編集後記	板野　和彦

――――開成出版――――

戦後音楽教育60年
音楽教育史学会編　　　Ａ５判・368頁　　定価（本体2,800円＋税）
ISBN4-87603-353-6 C3073 ¥2800E

戦後音楽教育改革の動向とこれからの課題	楠瀬　敏則
1947(昭和22)、1951(昭和26)年『学習指導要領音楽(科)編』(試案)の史的意義	中山裕一郎
唱法（「移動ド」・「固定ド」）と読譜の問題	遠藤　尚子
基準『学習指導要領』と音楽教育の史的展開	佐野　靖
幼児音楽教育の展開	大畑　祥子
歌唱（合唱）教育の展開	高橋　雅子
戦後器楽教育の展開	中地　雅之
戦後の小学校における音楽鑑賞教育	中西　紗織
学校音楽コンクールの変遷－戦後の全国唱歌ラジオコンクールにみる児童の「自然な発声」から「頭声的発声」への展開－	菅　道子
「共通教材」の問題性	佐野　靖
音楽教科書にみる日本伝統音楽教材の取扱い	本多佐保美
民族音楽と教育課題	加藤富美子
国家「君が代」の実体と学校教育	井上　正
ダルクローズ・リトミック教育の導入と展開	福嶋　省吾
オルフ・シュールヴェルクの導入と展開への史的検討	井口　太
コダーイ・メソッドの導入と展開	中村　隆夫
外国音楽教育思想の影響　　イギリス（塩原麻里）、ドイツ語圏からの影響（中地雅之）アメリカ（筒石賢昭）、韓国（朴成泰）	
音楽科の「学力」論の底流	菅　道子
「題材構成」の問題性	阪井　恵
戦後60年・授業と評価の動向	小山　真紀
鈴木メソッドの成立と影響	伊藤　誠
「音楽教育の会」の活動とその成果	鈴木　治
「ふしづくり一本道」（古川小学校）の歴史的意義	佐橋　晋
＜創造的音楽学習＞の導入と展開	山本　文茂
生涯学習と音楽教育	丸林実千代
障害者と音楽	佐藤　香織
音楽の療法と教育－音楽教育における音楽療法受容の歴史をめぐって－	丸山　忠璋
日本における国際理解教育と「世界の音楽」	島崎　篤子

（本書は現在在庫切れ中）

開成出版

河口道朗 監修　音楽教育史論叢　　A5判　各巻定価（本体3,500円＋税）

第Ⅰ巻　音楽の思想と教育

ISBN4-87603-344-7 C3073 ¥3500E

第一章　音楽と教育
　ムーシケーと教育（片桐 功），
　西洋中世のキリスト教会における音楽教育
　　　　　　　　　　　　　　　　（森 裕子）
　「自由七学科」の音楽（竹井成美）
　教化としての音楽（河口 道朗）
　儒教思想と音楽教育（井上 正）
第二章　音楽と芸術性
　ミューズ教育の功罪（佐野 靖）
　美育としての音楽教育（小中慶子）
　音楽の技能と技術（権藤敦子）
　即興における〈自由〉と〈限定〉の意味
　　　　　　　　　　　　　　　（中地雅之）
第三章　音楽と発達
　音楽的発達観の変遷（今川恭子）
　音楽的発達観の多面性（今川恭子）
第四章　音楽と才能
　子どもと創造性（阪井 恵）
　音感教育の功罪（山下薫子）
　音楽の才能教育（中山裕一郎）
第五章　障害と音楽
　学齢期の子どもと音楽（大島節子）
　視覚障害者と音楽（佐藤香織）
　音楽療法（丸山忠璋）
第六章　生涯学習としての音楽
　生涯音楽学習の本質・意義・政策
　　　　　　　　　　　　　　（丸林実千代）
　生涯音楽学習の特徴と実際（丸林実千代）

第Ⅱ巻　音楽と近代教育

ISBN4-87603-345-5 C3073 ¥3500E

第一章　近代学校音楽の成立と発展
　子ども音楽論の出現（河口道朗）
　ペスタロッツィ主義唱歌教育論（河口道朗）
　フレーベルの教育思想と音楽（山口文子）
　唱歌教育の普及過程（嶋田由美）
　唱歌教育の実態（加島大輔）
第二章　学校音楽改革の動向
　アメリカ学校音楽の改革（荒巻治美）
　童謡運動とその意義（井上 正）
　一九二〇・三〇年代の音楽教育の動向
　　　　　　　　　　　　　　　（平井建二）
第三章　学校音楽の変貌─日本ファシズム期
　「音楽週間」と厚生音楽（井手奈緒子）
　音感教育の特徴と変質過程（河口道朗）
　芸能科音楽の問題性（本多佐保美）
　国民学校期北村久雄の音楽教育論
　　　　　　　　　　　　　　　（藤井康之）
第四章　青少年の音楽活動
　合唱活動の展開（高橋雅子）
　吹奏楽の興隆（畠澤 郎）
第五章　音楽家養成の制度
　戦前における音楽学校の成立と展開
　　　　　　　　　　　　　　　（大地宏子）
　「個人レッスン」とコンクール（大地宏子）
　伝統音楽と家元制度（木暮朋佳）

――― 開成出版 ―――

第Ⅲ巻 音楽教育の内容と方法（上）

ISBN4-87603-346-3 C3073 ¥3500E

第一章 音楽の教科内容と学習指導
　音楽教材と学習指導（嶋田由美）
　音楽教科書編纂の変遷（丸山忠璋）
　音楽学習の基礎（木村充子）
　唱歌と歌唱の学習（岩　洋一）
　情操教育としての音楽教育（菅　道子）
　器楽の導入と発展（伊藤　誠）
第二章 学校音楽における日本音楽の変遷
　唱歌教育時代の日本音楽（垣内幸夫）
　戦後の学校教育と日本音楽（垣内幸夫）
　「君が代」の問題性（井上　正）
第三章 音楽授業の成立と展開
　音楽授業の成立（嶋田由美）
　音楽授業の過程（鈴木　治）
　唱歌教育におけるヘルバルト主義
　　　　　　　　　　　（杉田政夫）
第四章 音楽の学力観の変化と授業
　関心・意欲・態度形成の授業構造
　　　　　　　　　　　（徳田　崇）
　総合的学力形成の授業構造（塩川延明）
　表現と鑑賞の統合的展開
　　　　　（須藤由美子・丸林実千代）
第五章 音楽教育における評価観の二面性
　「絶対評価」から相対評価へ（小山真紀）
　到達度評価の提唱と意義（小山真紀）
　指導要録の問題性（小山真紀）
　自己評価と他者評価（後藤俊哉）

第Ⅲ巻 音楽教育の内容と方法（下）

ISBN4-87603-347-1 C3073 ¥3500E

第六章 音楽授業の革新
　子どもの創造性に着目した学習
　　　　　　　　　　　（島崎篤子）
　授業の革新（エスノグラフィー）
　　　　　　　　　　　（笹野恵理子）
　コンピュータと音楽内容（森田信一）
　授業の革新（木村次宏）
　総合的な学習による音楽の学び
　　　　　　　　　　　（加藤富美子）
第七章 音楽カリキュラム改造の動向
　イギリス（塩原麻里）
　フランス（坂部由紀子）
　ドイツ（佐野　靖）
　アメリカ（筒石賢昭）
　韓国（朴　成泰）
　中国（中山裕一郎）
　台湾（岡部芳広）
第八章 外国開発方法論の意義
　リトミック（福嶋省吾）
　オルフ・シュールヴェルク（井口　太）
　コダーイの教育理念と音楽教育システム
　　　　　　　　　　　（岩井正浩）
　概念学習（筒石賢昭）
　創造的音楽学習（島崎篤子）
第九章 授業研究の成果
　附属学校（畠澤　郎）
　自主研究の立場（鈴木　治）

開成出版